〔 큰글확장판 〕 예수님을
깊이 경험하라

(큰글확장판) 예수님을 깊이 경험하라

저자 앤드류 머레이
역자 서하나

초판 1쇄 발행 2016. 5. 3.
큰글확장판 1쇄 발행 2021. 2. 3.

발행처 도서출판 브니엘
발행인 권혁선

등록번호 서울 제2006-50호
등록일자 2006. 9. 11.

서울특별시 송파구 백제고분로28길 25 B101호 (05590)
마케팅부 02)421-3436
편집부 02)421-3487
팩시밀리 02)421-3438

ISBN 979-11-90308-39-7 03230

독자의견 02)421-3487
이메일 editorkhs@empal.com

북카페 주소 cafe.naver.com/penielpub.cafe
인스타그램 @peniel_books

도서출판 브니엘은 독자들의 책에 관한 아이디어나 원고를 설레는 마음으로 기다리고
있습니다. 책으로 엮기를 원하는 아이디어가 있으신 분은 위의 이메일로 간단한 개요와
취지, 연락처 등을 보내주십시오. 머뭇거리지 말고 문을 두드리세요. 길이 열립니다.

도서출판 브니엘은 갓구운 빵처럼 항상 신선한 책만을 고집합니다.

[날마다 예수님의 임재를 경험하게 해주는 은혜의 책]

[큰글확장판]

예수님을
깊이 경험하라

- Abide in Christ by Andrew Murray -

앤드류 머레이 지음 | 서하나 옮김

브니엘

예수님께서 이 세상에 사시는 동안 제자들에게 주로 하셨던 말씀은 "나를 따르라"였다. 하지만 승천하시기 전에 더욱 친밀하고도 신령한 연합을 위해 영광 가운데 새로운 말씀을 주셨다. 그것은 다름 아닌 "내 안에 거하라"는 말씀이다. 즉 주님 안에 거하여 주님을 깊이 경험하라는 것이다.

이 말씀의 의미와 그 안에 약속된 복된 경험을 알지 못한 채 예수님을 열심히 따른다고 하는 사람들이 많다는 사실은 두려워할 만한 일이다. 그들은 구원자에게 용서와 도움을 구할 만한 믿음을 가지고 있고, 또 그분에게 순종하고자 하면서도 그분과의 연합이 얼마나 친밀한 것인지, 그 사귐이 얼마나 큰 축복인지를 알려고 하지 않는다. 주께서 "내 안에 거하라"고, "나를 깊이 경험하라"고 초대하는 말씀에 순종함으로써 주님과 나의 삶이 얼마나 놀랍도록 하나가 되는지 거의 깨닫지 못하고 있다. 이것은 그들에게 엄청난 손해일뿐더러 이 손해로 인해 교회와 세상이 고통받고 있음은 주지할 만한 사실이다.

예수님을 구주로 영접하고 성령의 새롭게 하심을 경험한 사람들이 그들 앞에 준비된 완전한 구속에 이르지 못하는 이유를 묻는다면 나는 그 답이 대부분 믿음의 유산에 대한 불신앙으로 말미암은 무지라고 확신한다. 우리 정통 교회에서 그리스도 안에 거하는 것, 주님과 생생한 연합을 이루는 것, 날마다 그분의 임재와 돌보심을 경험하는 것을 그리스도의 보혈을 통한 속죄와 용서처럼 분명하고 중요하게 가르쳤다면 많은 사람이 그런 삶을 기쁨으로 수용했을 것이다. 그리고 그 영향력은 그들의 정결함과 능력, 사랑과 기쁨, 열매 맺음을 통해 드러나고, 또한 주님 안에 거하는 삶에 뒤따르는 모든 축복으로 나타났을 것이다.

구원자이신 예수님이 "내 안에 거하라"고 말씀하신 참 뜻이 무엇인지 아직 온전히 깨닫지 못한 사람들과 그런 삶은 도달하기 어렵다고 생각하는 사람들을 위해 나의 묵상을 이 책으로 출판하고자 한다. 어린아이가 가르침을 잘 받아들이기 위해서는 반복과 집중이 필요하다. 마찬가지로 얼마 동안 계속해서 마음을 믿음의 가르침에 고정시켜야만 그 가르침을 받아들여 철저히 내재화할 수 있다.

많은 사람, 특히 젊은 그리스도인들이 "내 안에 거하라"는 참으로 귀중한 말씀을 포도나무와 가지에 대한 비유의 말씀이 주는 교

예수님을 깊이 경험하라

훈과 연결하여 날마다 묵상하기를 바란다. 우리는 이 약속의 말씀이 우리에게 뜻하는 바가 얼마나 진실한지, 그 말씀을 순종하는 자에게 주시는 은혜가 얼마나 분명한지, 건강한 그리스도인들에게 주시는 그 축복의 경험이 얼마나 필요한 것인지, 그로부터 흘러나오는 축복이 얼마나 놀라운지를 점점 더 깨닫게 될 것이다.

우리가 말씀을 듣고 묵상하고 기도하면서 자신을 굴복시켜 믿음으로 예수님이 그 자신을 우리에게 주신 것처럼 예수님을 믿음으로 온전히 영접할 때 성령님은 그 말씀이 우리의 생명이 되게 하실 것이다. 예수님의 이 말씀은 구원에 이르게 하는 하나님의 능력이 될 것이고, 그것을 통해 우리가 간절히 기다리는 축복을 붙들 수 있는 믿음이 올 것이다.

은혜로우신 주님께서 이 미약한 책을 축복하사 이 책이 그분을 온전히 알기 원하는 자들에게 도움이 되기를 간절히 기도한다. 또한 어떠한 방법으로든 주님이 여전히 육신대로 살아가고 있는 사랑하는 자녀들에게 온전히 주님만을 위해 살라고 어떻게 명령하시는지, 그리고 주님 안에 거하고자 하여 전심으로 순종하는 자들이 어떻게 형언할 수 없는 기쁨과 충만한 영광을 누리는지 깨닫기를 더욱 간절히 기도한다.

"오, 순종하는 삶의 달콤함을 맛보기 시작한 우리 한 사람 한 사람이 주님과 하나 된 우리의 관계가 단절되지 않도록 우리 주님의 권능과 영광의 증인으로 우리 자신을 온전히 내놓게 하시고, 전심으로 주를 따라 말씀으로 구하고 승리의 길을 걷게 하소서." 우리 자신이 주 안에 거하는, 주님을 깊이 경험하는 상태가 지속될 때만 그런 열매를 맺을 수 있을 것이다.

단언하건대 내가 바라는 것은 이 책의 독자들이 나의 권고 한마디를 받아들이는 것이다. 그것은 주님의 포도나무로 성장하기 위해서는 시간을 투자해야 한다는 것이다. 당신이 시간을 그분께 드리지 않는다면 그분 안에 거하기를 기대해서는 안 된다. 하나님의 말씀을 읽거나 뒤에 나오는 성경구절을 묵상하는 것만으로는 충분하지 못하다. 우리가 그런 생각을 하고 주님의 축복을 구해왔다고 하지만 이것 또한 충분하지 못하다. 우리에게는 예수님과 더불어 매일 교제의 시간을 갖는 온전한 신앙이 필요하다.

식사하기 위해 시간을 내야 함은 누구나 알고 있다. 일하는 모든 사람은 저녁식사에 충분한 시간을 할애한다. 아무리 많은 음식이라도 급하게 먹는 아침식사만으로는 충분하지 못하기 때문이다. 만약 우리가 예수님 안에 거하고자 한다면 우리는 그분을 먹고 살아야만 한다(요 6:57). 왜냐하면 우리는 하나님 아버지께서 그의 생명 안에서 우리에게 보내신 천국의 음식을 온전히 먹고 흡수하며 살아가는 존재이기 때문이다.

그러므로 예수 그리스도 안에 거하고자 하는 나의 형제들이여, 살아계신 예수님과의 생생한 만남 가운데 있기 위해, 그리고 주님의 축복의 날개 안으로 자신을 완전하고 분명하게 드리기 위해 말씀을 읽기 전과 읽는 동안에, 그리고 읽고 난 후 매일 시간을 할애하라. 그래야만 하나님이 당신을 붙잡고 들어올려 그분 권능의 생명 안에 안전하게 머물 기회를 주실 수 있다.

그리고 지금 이 순간, 주님이 나에게 주신 천국의 포도나무를 가르칠 수 있는 특권으로 하나님의 모든 자녀에게, 예수 그리스도 안에 거하는 풍성하고 충만한 축복의 체험이 한 사람 한 사람 모두에게 주어지기를 기도한다. 그리고 예수 그리스도의 영광과 하나님 아버지의 사랑, 성령님과의 교제가 모든 자녀의 일상이 되기를 바란다. 아멘.

글쓴이 앤드류 머레이

P · A · R · T · 1

참된 평안이 임하는
자리로의 부르심

01

All you who have come to Him

예수님께로 와서
------------------------------   주님 안에 거하라

내게로 오라. 마 11:28. 내 안에 거하라. 요한복음 15:4.

"내게로 오라"는 부르심을 듣고 귀를 기울이는 사람은 "내 안에 거하라"는 새로운 초대의 음성도 듣게 된다. 이 말씀은 동일하게 사랑의 주님이 주신 메시지이다. 당신은 예수님의 부르심에 응답한 것을 절대로 후회한 적이 없을 것이다. 주님의 말씀이 진리임을 경험했기 때문이다. 말씀하신 주님의 모든 약속은 주님이 직접 성취하셨다. 또한 주님은 당신을 그 사랑의 기쁨과 축복의 수혜자로 삼으셨다. 주님의 환대는 가장 진실하고, 주님의 자비는 가장 완전하며, 주님의 사랑은 세상 무엇보다도 달콤하고 귀하다. 주님께 처음 다

가온 그때에 당신은 "내게 말한 것은 절반도 못되니"라고 고백할 수밖에 없을 만큼 주님의 지혜와 복에 놀랐을 것이다.

그런데도 당신은 실망하여 불평했다. 시간이 흐르면서 당신의 기대는 이루어지지 않았다. 당신이 받은 축복은 소멸되어버렸다. 구원자이신 그리스도와의 그 첫 만남에서 느낀 사랑과 기쁨이 갈수록 깊어지기보다는 차츰 희미해지고 미약해졌기 때문이다. 그리하여 당신은 권능과 사랑의 주님이 함께하고 베풀어주신 그 구원의 경험이 더욱 충만해지지 못한 이유에 대해 자주 의문을 가져왔을 것이다.

그 원인은 아주 단순하다. 당신이 주님의 주변에서만 서성거렸기 때문이다. 주님이 주신 축복은 "내게로 오라"는 말씀과 전적으로 연관되어 있으며, 주님과의 친밀한 교제 속에서만 누릴 수 있다. 당신은 그 부르심, "나와 함께 머물기 위해 내게로 오라"는 말씀을 완벽하게 이해하지 못하거나 제대로 기억하지 못하고 있었다.

그럼에도 이 말씀은 주님이 처음으로 당신을 부르신 목적이며 뜻이었다. 이 말씀은 당신이 주님의 사랑과 구원의 기쁨을 누리며 교제하고 난 후 슬픔과 죄악 가운데서 방황하다가 다시 잠깐 회복하라고 주신 말씀이 아니다. 주님은 당신이 잠시 동안 축복을 누리는 것보다 더 나은 존재로 예정하셨다. 그저 특별한 경건과 기도의 시간을 가질 때만 즐거워하고, 그 후에는 훨씬 더 오랜 시간 해야 할 중요한 책임이 있는 곳으로 돌아가야만 하도록 하신 것이 아니다. 왜냐하면 주님은 이미 당신을 위해 주님과 함께 거하는 안식처를 예비하셨기 때문이다. 그곳에서 당신은 매 순간을 주님과 보낼 것이고, 그곳에서 주님과의 견고한 연합을 누리게 될 것이다.

주님이 처음 하신 그 말씀, "내게로 오라"는 말씀의 의미와 추가로 하신 "내 안에 거하라"는 말씀은 같은 뜻이었다. 마치 열심과 충성, 사랑과 자비가 같듯이 "오라"는 축복의 말씀 안에 있는 긍휼은 "거하라"는 축복의 말씀의 은혜와 같은 뜻이다. "오라"는 첫 번째 말씀이 당신을 주님께 끌어당긴 힘만큼 그 두 번째 말씀도 강력하기에 그 말씀을 듣기만 한다면 그 나중 말씀에도 이끌리게 될 것이다. 그리고 오라는 말씀에 순종할 때 받게 되는 보상의 축복이 큰 것같이 주님 안에 거함으로써 주어지는 보물은 훨씬 더 크고 많을 것이다.

유심히 살펴보면 주님은 "내게로 오라. 그리고 나와 함께 거하라"고 말씀하신 것이 아니라 "내 안에 거하라"고 말씀하셨다. 그 교제는 깨어질 수 없을 뿐더러 가장 친밀하고 완전하다. 주님은 그 품으로 당신을 안기 위해 두 팔을 활짝 여셨다. 거기에서 당신을 맞아들이기 위해 마음을 여셨다. 다시 말해 주님은 생명과 사랑의 모든 거룩한 충만함을 완전히 내놓으시고, 주님과 당신이 온전히 하나가 되도록 하기 위해 당신을 그 교제 속으로 이끌고자 하셨다.

"내 안에 거하라"는 주님의 말씀 가운데 당신이 아직 깨달을 수 없었던 깊은 의미가 있다. 간파했는지 모르지만 주님은 "내게로 오라"는 말씀 못지않게 진지하게 "내 안에 거하라"고 강조하셨다. 주님은 당신에게 오라고 설득했던 모든 동기로서 당신이 주님 안에 거하기를 간절히 원하셨다. 처음 당신을 이끌었던 것은 죄의 저주와 죄악의 두려움이 아니었는가? 당신이 처음 주님께 왔을 때 받았던 용서와 그 용서로부터 흘러넘치는 모든 축복은 오직 주님 안에 거하는 것으로 확증되고 완전히 받을 수 있게 된다. 당신이 처음 주께 나아간 것은 그분의 무한한 사랑을 이해하고 누리고자 한 갈망 때문이 아니었는가?

처음 주님께 왔을 때 맛보았던 것은 한 방울의 물뿐이었다. 오직 주님 안에 거할 때 우리의 갈급한 영혼이 풍족히 충족되었고, 주님의 우편에 있는 기쁨의 강물을 마실 수 있었다. 그런데 죄의 속박으로부터 해방됨으로써 거룩하고 순수하게 되었지만, 지금은 하나님 아버지께서 영혼에 부어주시는 쉼을 발견하고자 갈망하는 일에 지쳤는가? 그렇다면 예수님 안에 거할 때만이 주님 안에서의 쉼이 있다는 사실을 다시 깨닫기 바란다. 영광 가운데 받을 유업의 소망도, 전지전능하신 하나님의 임재 안에서 영원한 안식처를 발견하는 것도 주님 안에 거하는 사람들에게만 주어지는 특권이다.

참으로 "그 안에 거하라"는 말씀처럼 당신을 주님께로 오게 만들었던 말씀은 없다. 수천수만 배나 더 강력한 힘으로 달리 설득하여도 당신을 움직일 수는 없다. 당신은 주님께 오기를 잘하였고, 주님 안에 거한다면 이보다 더한 일은 없을 것이다! 당신이 왕의 궁전에 초대되어 왕 앞에 거하며 왕이 누리는 모든 호화로운 영광을 누릴 수 있도록 허락받았다면 그저 왕궁 문 앞에 서 있는 것에 만족할 수 있겠는가? 들어가서 거하지 않겠는가? 그리고 당신을 위해 준비된 그리스도의 놀라운 사랑의 풍요로움을 누리지 않겠는가?

그런데 나는 많은 사람이 주님께로 왔지만 여전히 주님 안에 거하는 이 축복을 잘 알지 못한다고 슬프게 고백할 수밖에 없다. 어떤 사람은 주님 안에 거하는 것이 예수님께서 부르신 목적이라는 사실을 완전히 이해하지 못하기 때문에, 또 다른 사람들은 그 말씀을 듣기는 하지만 주님 안에 거하는 교제의 삶이 가능하다는 것과 자신이 그렇게 될 수 있다는 사실을 알지 못하기 때문에 거하지 못한다. 또 다른 이는 비록 그러한 삶이 가능하다는 것을 믿고, 그런 삶을 구한다 할지라도 여전히 주님 안에 거하는 방법을 발견하지 못하고 있기 때문에 서성일 뿐이다.

슬프게도 그들은 불신으로 말미암아 그 축복의 기쁨으로부터 스스로를 단절시켜버렸다. 예수 그리스도께서 그들을 안으려고 했을 때 그들은 구주 안에 머물 준비가 되어 있지 않았다. 예수님 안에 거하기 위해 항상, 오직, 온전히 모든 것을 포기할 준비가 되어 있지 않았던 것이다. 이제 나는 모든 이에게 그들의 구원자이며 나의 구원자가 되시는 예수 그리스도의 이름으로 "내 안에 거하라"는 복된 말씀을 가지고 나아간다. 주님의 이름으로 모든 사람을 초청하고, 또한 그 말씀의 가르침과 약속을 매일 잠시 동안 나와 함께 묵상하기를 원한다.

많은 사람, 특히 젊은 그리스도인들이 그 말씀과 관련하여 느끼는 어려움이 얼마나 크고 다양한지를 나는 알고 있다. 특별히 지루한 일상과 계속되는 고난 가운데 주님 안에 거하는 연합을 유지하는 일이 가능한가라는 의문이 여러 양상과 함께 존재한다. 나는 모든 방해물을 제거할 수 있다고 보증하지 않는다. 왜냐하면 그것은 예수 그리스도만이 성령으로 하시는 일이기 때문이다. 그러나 하나님 아버지의 은혜로 내게 기꺼이 허락된 것은 "내 안에 거하라"는, 즉 전능자이신 주님께서 주신 축복의 명령이 마음 문을 열고 들어가 자리매김하여 더 이상 잊히거나 무시되지 않을 때까지 매일 되새기는 것이다.

마음 문을 열고 그 요구와 기대를 이해하게 될 때까지 우리는 말씀의 빛 가운데 그 의미를 묵상해야 한다. 그럴 때 우리는 주님 안에 거하는 삶의 열매를 발견하게 될 것이고, 우리를 그 상태로 지켜주는 것이 무엇인지를 알게 되며, 우리를 도와줄 수 있는 것이 무엇인지도 깨닫게 될 것이다.

그리고 우리는 그 말씀이 요구하는 바를 느끼게 될 것이며, 주님의 이 한 가지 명령을 순수하게 진심으로 받아들이지 않는다면 왕이신 주님에 대한 진정한 충성이란 존재할 수 없음을 깨닫게 될 것이다. 또한 주님 안에 거하고자 하는 갈망의 불꽃이 타올라 모든 힘을 다해 그 열의가 솟구쳐 형언할 수 없는 축복을 소유할 때까지 그 축복을 응시하게 될 것이다.

성도들이여, 날마다 주님의 발 앞에 나와서 자신을 드리고 주님만 바라보며 주님의 말씀을 묵상하자. 우리 안의 영혼을 소생시키는 숨결과 같은 하나님의 신령한 음성, 고요하고 작지만 바위를 쪼개는 폭풍보다도 힘 있는 음성을 듣기 위해 주님 앞에 평온한 믿음으로 우리 자신을 내려놓자. 그리스도께서 "내 안에 거하라"고 말씀하신다. 진심으로 예수 그리스도의 말씀하신 바를 듣는 영혼은 그 말씀과 함께 주님이 주시는 축복을 받아들이고 부여잡을 수 있는 권능을 얻게 된다.

02

And you shall find Rest to your Souls

그리하면 너희 마음이
--------------------------------- 쉼을 얻으리라

다 내게로 오라. 내가 너희를 쉬게 하리라. 나의 멍에를 메고 내게
배우라. 그리하면 너희 마음이 쉼을 얻으리니. 마태복음 11:28-29.
"너희 마음이 쉼을 얻으리니." 이것은 예수님이 무거운 짐을 진 죄
인을 구원하고자 말씀하셨던 첫 번째 약속이다. 그 약속은 간단하
게 보일지라도 참으로 크고 포괄적인 말씀이다. 마음이 쉼을 얻는
다. 그것은 모든 두려움으로부터의 해방, 모든 필요의 공급, 모든
소망의 충족을 의미한다. 그리고 죄인을 애타게 부르시는 주님께
돌아가서 그분 안에 거할 때 받는 상을 훨씬 넘어선다. 죄인이 방황
하는 이유는 그들의 쉼이 바라는 만큼 지속되지 않고 충만하지 않

22
예수님을 깊이 경험하라

아서다. 이것은 그 쉼을 찾지 못하였거나 찾았다 할지라도 가로막히거나 상실하게 되는 유일한 이유이다. 그렇다면 그는 주님과 함께 거하지도, 주님 안에 거하지도 않았던 것이다.

당신은 앞의 성경구절에서 주님이 당신을 부르시는 초대가 두 번이나 반복되었다는 사실을 간파했는가? 지속적인 쉼은 지속적으로 주님께 옴으로써만 가능하다는 사실을 시사하고 있다. 주님은 먼저 "다 내게로 오라. 내가 너희를 쉬게 하리라"고 말씀하신다. 즉 우리가 주님께로 가서 믿는 그 순간, 주님은 그분의 사랑 안에 있는 용서와 용납의 쉼을 주신다.

그러나 주지하듯이 하나님 아버지께서 주시는 모든 것을 우리의 것으로 온전히 만들기 위해서는 시간이 필요하다. 또한 그것은 우리의 마음에 들어와 지속적으로 자리 잡고 깊은 내면에 흡수되어야 한다. 그렇지 않다면 예수님이 주시는 것이라도 내 것으로 기쁘게 받아들여 경험할 수 없다.

그래서 우리 주님은 자기에게 오는 지친 영혼들을 환영하는 그 처음 쉼에 대해서만이 아니라 주와 함께 거하는 영혼의 더 심오하고 개인적인 쉼을 분명히 밝히는 약속도 반복하신다. 주님은 "내게로 오라"고 말씀하실 뿐만 아니라 "나의 멍에를 메고 내게 배우라"고 말씀하신다. 이는 주님의 제자가 되어 주님의 가르침에 모든 것을 내려놓고 주님의 뜻을 따르라는 것이며, 모든 삶을 주님의 삶과 하나가 되게 하라는 말씀이시다. 달리 표현한다면 "주님 안에 거하라"는 뜻이다.

또한 주님은 "내가 줄 것이다"라는 말씀과 함께 "그리하면 너희 마음이 쉼을 얻으리니"라고 말씀하신다. 주님 안에 더 깊이 거하는 것은 그분과 더 오랫동안, 더 친근하게 연합하는 온전한 순종과 더 깊은 교제로부터 온다. "나의 멍에를 메고 내게 배우라." "내 안에 거하라." 이 말씀은 주님 안에 거하는 쉼에 이르는 길이다.

주님의 이 말씀은 당신이 그토록 지속적인 안식을 원했지만 왜 자주 놓쳐버리는지를 깨닫게 하지 않는가? 당신은 주님께 온전히 굴복하는 것이 온전한 쉼의 비밀임을 모르고 있었다. 주님만이 다스리고 명령하실 수 있기에 나의 모든 삶을 주님께 내드리고, 주님의 멍에를 메고 인도하심과 가르치심에 순종하며, 주님께 와서 배우는 것이 주님 안에 거하는 방법이다. 주님이 뜻하시는 대로 사는 것이 제자의 조건이며, 이것 없이는 예수님께 처음 왔을 때 받은 안식을 유지할 수 없다. 안식은 예수님 안에 있는 것이다. 예수 그리스도와 떨어져서 받을 수 있는 것이 아니다. 그분을 소유할 때만 안식이 온전히 지속되고 그 안에서 즐거워할 수 있다.

수많은 젊은 그리스도인들이 이 진리를 부여잡지 못하기 때문에 그 안식이 너무나 짧게 끝나버린다. 그들은 예수님이 왜 온전한 마음과 삶의 지속적인 충성을 강조하시는지 깨닫지 못했고, 주님이 자기의 삶을 주장하지 않으셨음에도 그분의 삶 전체가 어떻게 흠도 하나 없는지를 이해하지 못했다. 그리고 어떻게 아주 사소한 부분에서라도 제자들이 주님을 기쁘시게 하기만을 구해야 하는지 진실로 알지 못했다. 그들은 주님이 요구하시는 온전한 헌신이 어떻게 가능한지를 전혀 알지 못했다.

그리스도인들이 얼마나 거룩한 삶을 살아야 하는지 조금이라도 깨닫고 있는 이들에게 그 실수는 다른 종류의 것이었다. 그들은 그런 삶이 가능하다는 사실을 믿지 못했다. 예수님의 멍에를 메고 견디며 한순간도 결코 놓지 않는 것은 큰 수고와 함께 이에 상응하는 선함이 필요하므로 이 모든 것은 그들이 도달할 수 있는 범위를 넘어서는 정도라고 보는 것이다.

예수님 안에 항상 거하는 것은 너무나 어렵고, 거룩함이 자란 이후에야 얻을 수 있는 것이기에 나약한 초신자가 시작하기에는 결단코 쉽지 않다. 그들은 예수님이 "나의 멍에는 쉼을 주리라"고 말씀하셨을 때 그 말씀이 사실임을 깨닫지 못했다. 어떻게 멍에가 쉼을 줄 수 있는가? 순종하고자 하는 자가 자신을 드리는 순간 주님이 친히 그것을 가능하게 하는 능력과 기쁨을 주신다. 주님이 "나를 배우라"고 말씀하셨을 때 그분의 너그러우심이 그 사람들의 모든 필요를 만족시킨다. 주님은 연약한 자녀를 품은 어미와 같이 그들을 인내하신다는 사실을 확신시키기 위해 "나는 마음이 온유하고 겸손하니"라는 말씀을 덧붙이셨음을 깨달아야 한다.

안타까운 것은 주님이 "내 안에 거하라"고 말씀하셨을 때 단지 우리의 순종만을 요청하셨으며, 그리하면 주의 전능하신 사랑이 그들을 굳게 붙잡으시고, 그들을 지키며 복주시리라는 사실을 알지 못하는 사람이 많다는 점이다. 어떤 사람들이 완전한 헌신이 꼭 필요하다고 생각하지 않는 것과 마찬가지로 그들은 온전히 믿지 못하기 때문에 실패하게 된다.

헌신과 믿음, 이 두 가지는 그리스도인의 삶에 꼭 필요한 요소이다. 예수님께 모든 것을 내려놓는 것, 예수님으로부터 모든 것을 받는 것, 이 두 가지는 상호 내포된 의미가 있으며, 순종이라는 하나의 말씀 가운데 모두 연합된다. 온전한 순종은 믿는 것뿐만 아니라 복종하는 것이며, 복종하는 것뿐만 아니라 믿는 것이다.

신앙생활을 처음 시작할 때 그러한 오해로 인해 제자의 삶이 소망했던 그런 기쁨이나 능력의 것과는 다르다는 사실을 느끼게 되는 것은 놀랄 일이 아니다. 때로는 예수님이 어떻게 전적으로 당신을 다스리길 원하시는지 이해하지 못하거나, 한순간이라도 주님이 당신 가까이에 계시도록 하지 않는다면, 당신은 바로 설 수 없고 죄악에 빠질 수밖에 없게 된다. 때로는 죄가 무엇인지 알고 있지만 그것을 이길 힘이 없기 때문에 실패할 수도 있다. 그 이유는 예수님이 당신을 완전히 지키고 도우시기 위해 어떻게 그 일을 담당하시는지 알지 못하거나 믿지 못하기 때문이다.

어떤 쪽이든 간에 처음 사랑의 기쁨이 없어지기까지 그리 오래 걸리지 않고, 당신의 길은 완전한 날을 향해 점점 더 빛나는 의로운 자의 길이 아니라 마치 약속된 안식에서 그리 멀지 않지만 항상 이르지 못해 사막에서 방황했던 이스라엘 민족의 길과 같게 된다. 오, 지친 영혼들이여! 앞뒤로 날뛰는 어린 사슴같이 여러 해가 지났다면 오늘 평안과 승리, 평화와 안식이 있는 장소가 분명히 있으며 그 장소, 즉 예수님의 마음은 당신에게 항상 열려 있다는 가르침을 와서 배우라.

그러나 슬프도다! 어떤 그리스도인들은 예수님 안에 거하기 위해 그의 멍에를 지고 그에게 가서 배운다는 사실이 너무나 어렵고, 그래서 그것을 얻기 위한 노력이 종종 죄나 세상보다도 훨씬 더 그 쉼을 방해한다고 말한다. 그렇게 말하다니 실로 엄청난 실수이지만 이미 너무나 자주 그런 말들을 들어왔다! 어머니의 팔에 안겨 쉬는 것이 어린아이에게 노동인가? 피곤한 여행자는 자신의 피로를 풀기 위해 집 안이나 침대 위를 찾지 않는가? 예수님과 함께 있는 것도 이와 같다.

우리는 주님의 사랑이 다 맡아주실 것이라는 믿음으로 주님께 그냥 기댈 뿐이고, 주님은 그 성실하심으로 자기 품에 보금자리를 만들어 우리를 안전하게 지켜주시는데, 그 축복이 너무나 커서 우리의 좁은 마음으로는 그것을 온전히 깨닫지 못한다. 그러나 이것은 주님이 약속하신 바이며, 만약 그렇지 않다면 주님은 진실로 우리를 쉬게 하실 수 없을 것이다. 주님이 "내 안에 거하라" "내게 배우라"고 말씀하실 때 정말로 쉼을 주실 것을 약속하셨다. 우리는 단지 그분께 자신을 내드리기만 하면 된다. 자신을 주님의 사랑의 품

안으로 과감하게 던져 주님의 지키심에 자기를 내려놓기만 하면 된다. 안식을 어렵게 하는 것은 멍에가 아니라 멍에를 거부하는 것이다. 예수님께 전심으로 복종하면 우리의 주님이자 우리를 지키시는 이가 즉시 쉼을 주실 것이다.

형제여, 오라. 그리고 우리가 이날에 가장 단순히 예수님의 말씀을 받아들이자. 그것은 분명한 명령이다. "나의 멍에를 메고 내게 배우라." 명령에는 반드시 복종이 뒤따라야 한다. 순종적인 학생은 가능성이나 결과에 대해 질문하지 않는다. 단지 필요한 모든 것을 그 선생님이 주실 것이라 믿고 모든 명령을 받아들인다. 순종하는 것은 나의 일이며, 그 안식에 거하기 위한 권능과 은총, 그리고 주님 안에 거하는 축복을 주시는 분은 성령이심을 깨닫기 바란다. 오늘 즉각적인 순종 가운데 그 명령을 받아들이고 담대하게 대답하자. "구주여, 제가 주님 안에 거합니다. 주님의 부르심에 저는 주님의 멍에를 멥니다. 지체 없이 순종합니다. 그러므로 저는 주님 안에 거합니다."

실패를 자각할 때마다 오직 그 명령에 새로운 급박함을 느끼고, 성령께서 우리에게 다시 예수님에 대한 소망과 순종을 일으키는 사랑과 권위로 말씀하시는 것을 들으라. "나의 자녀야, 내 안에 거하라"고 하시는 음성에 이전보다 더욱 열심히 귀를 기울이라. 분명히 이루어질 하나님 약속의 음성은 모든 의심을 물리칠 것이다. 예수님 안에 거하는 것은 다스림을 받고 배우고 인도받아서 영원한 사랑이신 주님의 두 팔 안에 안식하게 되도록 스스로를 포기하는 것일 뿐이다.

복된 안식은 하나님의 안식에 참여하는 것이며 그 열매를 미리 맛보는 것이다. 이는 주님 안에 거하기 위해 예수님께로 오는 자들이 발견하는 것이다. 하나님의 평화이고 영원한 세상의 큰 평온이며 모든 이해를 넘어서고 마음과 정신을 지키는 것이다. 이 보증된 은혜와 함께 우리는 모든 의무를 행할 능력을 가지며, 모든 싸움을 위한 용기와 모든 십자가 속의 축복, 그리고 죽음 속에서도 영원한 생명의 기쁨을 소유하게 된다.

03

Trusting Him to keep you

------------------------------   의심 없이 오직
예수님을 신뢰하라

내가 이미 얻었다 함도 아니요 온전히 이루었다 함도 아니라. 오직
내가 그리스도 예수께 잡힌 바 된 그것을 잡으려고 달려가노라. 빌
립보서 3:12.

우리는 그리스도 안에 거하는 것이 신령한 의무이자 축복과 특권임
을 인정할 수밖에 없지만, 주님과의 단절되지 않는 교제의 삶이 가
능한가라는 의문 앞에 끊임없이 위축되기도 한다. 주님과의 친밀한
교제를 지속할 수 있는 특별한 은혜가 허락된 영적인 그리스도인들
은 가능할지도 모른다. 그러나 하나님께서 이러한 교제의 삶을 살
도록 예정하신 대다수의 그리스도인들은 이 땅의 일에 너무 얽매인

나머지 그리스도 안에 늘 거하는 것을 기대하기 어렵다. 그리스도 안에 온전히 거하는 삶에 대해 들으면 들을수록 그 영광과 축복을 더 깊이 느끼게 되고, 그 삶에 참여하기 위해 무엇이든 희생하고자 하겠지만 우리는 매우 연약하고 믿음이 없다. 그리하여 주님과 지속적인 교제를 이루지 못한다.

사랑하는 자여, 그럼에도 그리스도 안에 거하는 것은 바로 연약한 자들을 위함이며, 우리의 미약함 때문에 그리스도 안에 거하는 은혜를 주셨음을 왜 알지 못하는가! 우리가 굉장한 일을 하는 것도 아니며, 아주 거룩하고 헌신된 삶을 살라는 강요를 받는 것도 아니다. 그것은 우리의 연약함으로 인해 오직 전능하신 이가 이루실 수밖에 없는 일이다. 불충한 존재인 우리가 미쁘고 진실하신 하나님께 자신을 내드리면 되는 일이다. 주님 안에 거하는 것은 구원을 누리기 위해 요구되는 조건이 아니라 주님이 우리를 위해 우리 안에서, 그리고 우리를 통해 일하시는 데 동의하는 것이다. 그것은 구원을 이루는 하나님 사랑의 열매이자 능력으로써 주님이 하시는 일이다. 우리가 해야 할 일은 주님이 하시고자 약속하신 것을 단순하게 받아들이고 신뢰하며 바라는 것뿐이다.

애석하게도 이렇게 주님을 잠잠히 바라고 신뢰함으로써 우리가 거할 곳을 예비하신 그분의 말씀 안에서 안식하길 원하는 그리스도인은 그리 많지 않다. 많은 그리스도인은 "내 안에 거하라"고 말씀하시는 주님이 곁길로 가기 쉬운 우리의 모든 연약함보다 더 강한 은혜로 우리 영혼의 살아 있는 안식처가 되시고, 졸지도 주무시지도 않으며 이스라엘을 지키신다는 사실을 진정으로 받아들이지 않고 깨닫지도 못한다. 은혜에 대해 그들이 가진 생각은 회심과 용서는 하나님의 일이나, 용서해주신 하나님께 감사하는 가운데 그리스도인으로서 예수님을 따르는 것은 자신의 일이라고 생각한다. 그들은 항상 반드시 해야 할 일을 생각하고 도움을 구하기 위해 기도하는 가운데서도 여전히 예수님을 따르는 일은 그들의 몫이라고 여긴다. 그들은 끊임없이 실패하고 실망하게 된다. 낙심은 무력감만 크게 할 뿐이다.

방황하는 자들이여, "오라"고 말씀하셨을 때 당신을 붙잡으셨던 분은 "거하라"고 말씀하시며 당신을 지키시는 분과 같은 예수님이심을 기억하라. 주님께 가는 영광과 그분 안에 거하는 영광은 오직 예수님이 주시는 것이다. "오라"는 말씀은 당신을 가까이 끌어당겼던 사랑의 띠였다. 그러므로 "거하라"는 말씀도 곧 주님이 당신을 단단히 붙잡아 묶는 끈이다. 우리는 적어도 예수님의 음성을 듣기라도 해야 한다. 주님은 말씀하신다. "내 안에, 나의 권능의 팔 안에 너희 거할 곳이 있다." "내 안에 거하라. 너희를 그토록 사랑하는 것은 나다. 그러므로 분명히 나를 믿을 수 있노라." 우리의 영혼에 들어와 거하시는 예수님의 음성에 우리는 대답할 수밖에 없다. "맞습니다. 주님, 주님 안에 제가 거할 수 있으며 주님이 그렇게 하실 것입니다."

"내 안에 거하라." 이 말씀은 죄인들에게 그들이 할 수 없는 것을 요구하는 모세의 율법이 아니다. 그 말씀은 사랑의 명령이고 약속의 또 다른 모양이다. 모든 짐과 두려움과 실망의 감정이 지나갈 때까지 이 말씀을 생각하라. 그러면 당신이 예수님 안에 거하는 것을 들었을 때 맨 처음 떠오르는 생각은 밝고 기쁜 소망이 될 것이다. 그 말씀은 당신을 위한 것이고 당신이 그것을 즐거워할 것임을 안다.

당신은 가차없는 의무로 가득한 율법 아래 있는 것이 아니라 그리스도께서 당신을 위해 하실 것을 믿는 축복과 함께 은혜 아래 있다. 만약 "그러나 분명 우리를 위해 해야 할 것이 있는가?"라고 묻는다면, 그 대답은 "우리의 행함과 일함은 우리 안에 있는 그리스도의 일의 열매일 뿐이다." 그리스도께서 가장 왕성히 일할 수 있는 때는 주님이 우리 안에서 일하시는 것을 알기 때문에 우리가 철저히 수동적으로 그리스도께서 하시고자 하는 일을 바라보고 그 안에서 쉴 때이다. "내 안에"라는 말씀을 깨달을 때 사랑의 강력한 힘이 우리에게 미쳐서 우리를 소유하고, 우리를 붙잡아 우리의 모든 힘이 그분 안에 거하기 위한 수고에 쓰이게 될 것이다.

그리스도의 일과 우리 일의 관계는 바울의 "내가 그리스도 예수께 잡힌 바 된 그것을 잡으려고 달려가노라"는 말씀 속에 아름답게 묘사되어 있다. 영광스러운 상급을 얻기 위해 바울이 최선을 다했던 것은 전능하고 신실하신 하나님이 그를 자신과 하나되게 만드는 영광스러운 목적으로 붙잡으셨기 때문이다. "내가 그리스도께 잡힌 바 되었다"는 믿음의 체험과 온전한 확신이 그가 붙잡혔던 바를 향하여 달려갈 용기와 힘을 주었다. 그리스도께서 붙잡고 계실 때 나타날 위대한 결말에 대한 깨달음으로 인해 다른 것에 눈을 돌리지 않을 수 있었다.

사도 바울의 표현과 그 말씀의 적용은 자녀가 가파른 절벽을 오르도록 돕는 아버지를 생각하면 쉽게 이해할 수 있을 것이다. 아버지는 절벽 위에서 자신의 손으로 아들의 손을 잡는다. 아버지는 아들이 위로 올라올 때 발을 놓을 자리를 가르쳐준다. 그 등반은 어린 자녀가 혼자 감당하기에는 너무 높고 너무 위험한 일이다. 그러나 아들은 아버지의 손을 신뢰하여 아버지가 인도하는 방향으로 한걸음씩 나아간다. 아들에게 확신을 주어 나아갈 길을 지시하고, 아들이 온 힘을 다해 올라오게 하는 것은 아버지의 힘이다.

오, 연약하고 흔들리는 그리스도인들이여! 이것이 그리스도와 당신 사이의 관계이다. 주님이 가장 먼저 당신을 붙잡은 곳에 당신의 눈을 고정시키라. 주님 안에 거하는 삶만이 그분이 당신을 도약하게 하고 깨어지지 않는 교제로 이끄는 것이다. 용서와 평강, 성령과 은혜 등 당신이 이미 받은 모든 것은 그 준비과정일 뿐이다. 그리고 당신에게 약속된 미래의 모든 것, 즉 거룩함과 열매 맺음과 영원히 지속되는 영광은 자연스러운 결과이다. 주님과의 연합은 하나님의 가장 고귀한 목적이다. 그것에 당신의 눈을 고정시키고, 그것이 당신 앞에 명백하고 틀림없이 드러날 때까지 바라보라. 그리스도의 목적은 자신 안에 당신이 거하게 하는 것이다.

다음으로 이 생각을 가슴속에 담아라. "이제 나는 그리스도께 붙잡힌 바 되었다." 주님의 전능하신 능력은 나를 붙잡으셨고, 지금 내가 도약할 자리로 나를 올리고자 하신다. 당신의 눈을 그리스도께 고정시키라. 당신을 찾고 발견하여 가까이 인도하시고, 자신을 믿을 수 있겠냐고 물으시는 주님의 사랑스러운 눈길을 응시하라. 그 능력의 팔에 주목하고, 그분 안에 당신이 거하도록 주님이 참으로 당신을 지킬 수 있음을 확신하라.

그리고 하나님이 당신을 붙잡기 위해 가리키시는 축복의 장소를 생각하고, 당신을 붙잡아 올리고 기다리시는 그분을 바라보라. 오, 바로 지금 그곳으로 올라가 그리스도 안에 거하는 복된 삶을 시작하지 않겠는가? 지금 당장 시작하라. 그리고 말하라. "오, 나의 예수님! 만약 주님이 제게 명령하시고 저를 끌어올려 지키려 하신다면 저는 담대히 행할 것입니다. 떨리지만 믿음으로 말할 것입니다. 예수님, 저는 주님 안에 거합니다." 사랑하는 믿음의 동역자들이여, 가라. 그리고 홀로 예수님과 시간을 보내고 그분께 이렇게 말하라.

나는 감히 종교적인 감성을 만족시키는 것만을 위해 그분 안에 거하라고 당신에게 말하지 않는다. 하나님의 진리는 반드시 지금 즉시 이루어져야 한다. 주님이 당신에게 말씀하신 그 한 가지 사실에 순종하면서 바로 오늘 고마우신 주님께 당신을 내드리라. 하나님은 당신을 청하신다. 그분 안에 거하기 위해 당신 자신을 내드리라. 하나님이 친히 직접 당신 안에서 그 일을 하실 것이다. 당신은 계속 신뢰하는 가운데 그분 안에 거하게 하실 하나님을 믿을 수 있다.

그리고 만약 다시 한번 의심이 생기고, 혹은 실패의 경험이 당신을 유혹하여 실망하게 한다면 바울이 어디서 힘을 얻을 수 있었는지를 기억하라. "내가 그리스도 예수께 잡힌 바 되었다." 이 확신으로부터 당신도 힘을 얻을 수 있다. 이 사실은 선한 일을 시작하신 이가 또 이루실 것임을 확신하게 한다. 그리고 그 확신 가운데 당신은 용기를 얻어 날마다 새롭게 말할 것이다. "제가 그리스도 예수께 잡힌 바 된 그것을 잡으려고 달려갑니다. 예수님이 저를 잡고 계시기 때문이며, 예수님이 저를 지키고 계시기 때문에 제가 감히 고백할 수 있습니다. 주여, 제가 주님 안에 거합니다."

포도나무의 가지같이
한 몸을 이루라

나는 포도나무요 너희는 가지라. 요한복음 15:5.

예수님이 먼저 하신 말씀, "내 안에 거하라"는 말씀은 포도나무의 비유와 관련되어 있다. 그 비유는 아주 단순하면서도 많은 가르침을 주고 있어 주님이 우리를 초대하시는 그분과의 연합을 가장 훌륭하고도 완벽하게 보여주는 그림이 된다. 그 비유는 연합의 본성을 설명해준다. 포도나무와 가지의 연결은 살아 있는 것이다. 그러므로 외형적으로만 잠깐 연합되면 생명력이 없다. 가지의 연합은 인간의 어떤 노력으로 좌우할 수 있는 것이 아니다. 원래의 것이든 접붙여진 것이든 간에 그 가지가 나무로부터 생명을 유지하게 하는 수액과 양분을 받고 열매를 맺는 것은 창조주의 작업이다.

이 비유는 그리스도인에게도 적용된다. 주님과의 연합은 인간의 지혜와 의지에 의한 것이 아니라 하나님의 아들과 죄인들 사이에서 이루어지는 하나님의 행하심이다. "하나님이 그 아들의 영을 우리 마음 가운데 보내사"(갈 4:6). 아들 안에 거하는 그 동일한 영이 그리스도인들의 생명이 되었다. 한 성령 안에서 연합되어 그리스도 안에 있는 생명을 나눔으로써 우리는 그분과 하나가 된다. 마치 포도나무와 가지처럼 우리를 주님과 하나로 만드는 생명의 연합인 것이다.

포도나무 비유는 그 연합의 완전함에 대해 교훈하고 있다. 포도나무와 가지, 예수님과 우리의 연합은 너무나 친밀해서 다른 한쪽이 없는 나머지는 의미가 없으며, 서로에게 전부이고 유일한 존재가 된다. 포도나무가 없으면 가지는 아무것도 할 수 없다. 가지는 포도나무에게 포도밭에서 자리 잡고 있을 수 있는 권리, 생명, 그리고 열매 맺을 수 있는 권리를 빚지고 있다. 주님은 "내가 없이는 너희는 아무것도 할 수 없느니라"고 말씀하셨다. 그리스도인들은 오직 그 안에 거하시는 그리스도의 권능으로 매일 하나님을 기쁘게 할 수 있다. 매일 흘러넘치는 성령의 생명의 물줄기는 열매 맺기에 이르는 그리스도인의 유일한 능력이다. 그는 오직 성령 안에 거하고 매 순간 오직 주님께 의지해야 한다.

가지가 없으면 포도나무 또한 아무것도 할 수 없다. 가지가 없는 포도나무는 열매를 맺을 수가 없다. 가지가 포도나무에게서 떨어질 수 없듯이 포도나무도 가지에게 그러하다. 하나님의 백성이 주를 의지하는 것처럼 주님도 그 백성들을 의지하게 만드신 은혜는 예수님의 놀라운 겸손을 잘 보여주는 대목이다. 제자들이 없다면 세상에 주님의 축복을 나누어 줄 수 없다. 즉 그리스도는 제자들을 통해 천국 가나안의 포도를 죄인에게 주실 수 있다. 이상히 여기지 말라! 그것은 주님의 약속이다. 그리고 그리스도께서 구속받은 백성들을 부르신 것은 고귀한 영광이다. 천국에서 주님이 그들과 떨어질 수 없듯 이 땅에서 그의 백성들은 주님과 떨어질 수 없다. 그리스도인들이여, 그리스도와 그리스도인 사이의 완전한 연합의 신비를 묵상하라. 그리하면 우리는 주 앞에 엎드려 경배할 수밖에 없을 것이다.

한 가지 더 중요한 사실이 있다. 포도나무와 가지는 다른 한쪽 없이 존재할 수 없을 뿐 아니라 다른 하나를 위해서가 아니면 어느 한쪽은 의미가 없다. 포도나무가 소유한 모든 것은 그 가지에 속해 있다. 포도나무는 직접 땅으로부터 양분과 수분을 얻지 않는가? 포도나무에게 있는 모든 것은 가지가 마음껏 쓸 수 있다. 포도나무는 가지의 모체이자 봉사자이다. 마찬가지로 우리가 생명의 빚을 지고 있는 예수님은 우리를 위해 우리에게 자신을 온전히 주셨다. "내게 주신 영광을 내가 그들에게 주었사오니"(요 17:22). "나를 믿는 자는 내가 하는 일을 그도 할 것이요 또한 그보다 큰일도 하리니"(요 14:12).

주님의 충만하심과 주님의 풍성하심은 모두 믿는 자인 당신을 위한 것이다. 마치 포도나무가 자신을 위해 살지 않고 오직 그 가지를 위해 존재하는 것과 같다. 하늘에 있는 예수님의 모든 것은 우리를 위해 존재한다. 우리와 관련되지 않은 것에는 어떠한 관심도 없다. 그래서 우리의 대리인으로서 하나님 아버지 앞에 서 계신다. 가지가 소유한 모든 것은 포도나무에 속해 있다. 그 가지는 자신을 위해 존재하지 않고 열매를 맺어 포도나무의 우수함을 증명하기 위해 존재한다. 포도나무를 섬기는 역할이 없다면 가지는 존재할 이유가 없다. 이는 믿는 자들의 소명에 대한 아름다운 은유이며 주님을 섬기는 우리의 온전한 헌신에 대한 비유이다.

예수님이 우리에게 자신을 온전히 내주셨을 때 우리는 자신이 온전히 하나님의 것이 되었다고 느끼게 된다. 우리의 모든 힘, 삶의 모든 순간, 모든 생각과 감정이 예수님께 속해 있고, 우리는 주님으로부터, 또 주님을 위해서 열매를 맺게 된다. 포도나무가 가지에게 무엇을 의미하는지, 가지는 포도나무에게 어떤 의미인지를 깨달을 때 우리가 생각해야 할 것과 삶의 목적은 오직 하나인데, 그것은 주님의 뜻이요 영광이자 일이며, 주님의 나라, 즉 열매를 맺어 하나님의 이름을 영화롭게 하는 것임을 알게 된다.

포도나무 비유는 우리가 주님과 연합하는 목적에 대해 가르쳐주고 있다. 가지는 오직 열매를 맺기 위해 존재한다. "열매를 맺지 아니하는 가지는 아버지께서 그것을 제거해 버리시고"(요 15:2). 가지는 생명을 유지하고 열매를 잘 맺기 위해 잎이 필요하다. 열매를 맺는 것은 이웃에게 자신을 나눠주기 위함이다. 그리스도인이 포도나무 가지처럼 부르심 가운데 나아갈 때 자신을 생각하지 않고 전적으로 그의 이웃을 위해 살아야 함을 알게 된다. 그들을 사랑하기 위해서, 그들을 찾고 구하기 위해서 그리스도께서 오셨다. 이처럼 포도나무의 모든 가지는 포도나무와 같이 살아야 한다. 하나님이 우리를 예수 그리스도와 하나 되게 하신 것은 풍성한 열매를 맺기 위해서다.

우리는 하나님의 사랑과 천국의 삶, 성령의 신비로움을 밝히는 포도나무의 놀라운 비유에 대해 얼마나 무지했던가! 예수님은 하늘의 살아계신 포도나무요 나는 땅의 살아 있는 가지이다. 주님의 모든 충만함이 나에게 얼마나 중요하며 나는 그것을 누릴 완벽한 자격이 얼마나 있는지 거의 깨닫지 못했다! 나의 공허함으로 말미암아 주님이 얼마나 필요하며 그분의 자격이 얼마나 완벽한지도 알지 못했다! 예수님과 그의 백성들의 놀라운 연합을 그 아름다운 빛 가운데 깊이 알아가며 내 사랑하는 주님과의 온전한 교제 속으로 이끌어지기를!

나의 온 존재를 다해 "예수님은 나에게 진실로 포도나무요, 나로 열매 맺게 하시고, 나를 기름지게 먹이시며, 나를 공급하시고 사용하시며, 나를 채우셔서 풍성히 열매 맺게 하시는도다"라고 외치길 원한다. 그런 후에 나는 담대히 말할 것이다. "나는 실로 참 포도나무인 예수님의 가지이므로 그분 안에 거하고, 그분에게 가서 쉬며, 그분을 기다린다. 또한 그분을 섬길 때 주님 역시 그분의 풍성한 은혜를 보여주실 것이며, 어두워가는 이 세상에 그분의 열매를 주실 것이다."

이 비유의 의미를 우리가 이해하려고 할 때 그 말씀의 복된 명령은 진정한 능력을 가지고 우리에게 올 것이다. 포도나무와 가지의 관계를 믿는 자들은 "내 안에 거하라"는 말씀을 통해 새로운 힘을 얻을 것이다. 주님이 말씀하실 때 그것은 이루어진다. "생각해보라. 내가 얼마나 온전히 너희에게 속해 있는지를. 나는 나를 너희에게서 떨어질 수 없게 만들었노라. 그러므로 포도나무의 완전한 충만함과 풍성함은 실로 너희의 것이다. 지금 너희는 내 안에 있으므로 내가 가진 모든 것은 전적으로 너희의 것임을 믿으라. 너희를 열매 맺는 가지가 되게 하는 것이 나의 관심이요 나의 영광이노라. 그러므로 오직 내 안에 거하라. 너희는 연약하나 나는 강하다. 너희는 가난하나 나는 부유하다. 오직 내 안에 거하라. 그리고 너희 자신을 전적으로 나의 가르침과 법 안에 내놓으라. 나의 사랑과 은혜와 약속을 믿으라. 오직 믿으라. 다시 한번 말하노니 나는 온전히 너희의 것이다. 나는 포도나무요 너희는 가지라. 나의 안에 거하라."

오, 나의 영혼아! 너는 무슨 말을 하는가? 내가 더 망설이거나 승낙을 미루어야 하는가? 아니면 참된 포도나무의 가지로 사는 것은 내가 이루기에 얼마나 어렵고 힘든 일인지 생각만 하는 대신, 이제 주님 안에 거함으로써 그분이 친히 나를 지키시고 그 안에 거하게 하실 것을 믿지 않겠는가! 주님 안에 거하기 위해 내가 할 일은 단지 나의 자리를 받아들이는 것뿐이다. 그분 안에 있겠다고 동의하는 것, 연약한 가지를 붙들고 있는 튼튼한 포도나무에 믿음으로 순복하는 것뿐이다.

05

As you came to Him, by Faith

두려움 없는 믿음으로 속히 나아오라

그러므로 너희가 그리스도 예수를 주로 받았으니 그 안에서 행하되 그 안에 뿌리를 박으며 세움을 받아 교훈을 받은 대로 믿음에 굳게 서서 감사함을 넘치게 하라. 골로새서 2:6-7.

사도 바울은 이 말씀 가운데서 우리가 믿음으로 그리스도께로 가서 그분과 처음 연합할 뿐 아니라 믿음으로 그리스도와 연합한 데서 뿌리를 박으며 세움도 받는다는 귀중한 가르침을 주고 있다. 믿음은 영적인 삶의 시작에서 본질적일 것일 뿐 아니라 그 성숙의 과정에도 반드시 필요한 것이다. 예수님 안에 거하는 것은 오직 믿음으로만 가능하다.

이 점을 깨닫지 못한 채 열심히 신앙생활을 하는 그리스도인이 많다. 이론적으로는 알고 있어도 실제 삶에서는 그렇게 살지 못하는 것이다. 그들도 우리가 그리스도를 처음 영접했을 때처럼 복음의 자유를 열망하고 이신칭의를 환호한다. 그러나 그 이후에는 모든 것이 우리의 성실함과 신실함에 달려 있다고 생각한다. "죄인은 믿음으로 의롭다함을 받으리라"는 진리를 확고하게 붙잡고 있으면서도 "오직 의인은 믿음으로 말미암아 살리라"(롬 1:17)는 더 포괄적인 진리 속에 머무르려고 하지 않는다.

그들은 완전한 구세주를 바르게 이해하지 못하고, 어떻게 주님이 매일 죄인들을 위해 처음 그가 주님께 왔을 때처럼 동일하게 일하시는지 깨닫지 못한다. 은혜의 삶은 오직 믿음 안에 머무르는 삶이다. 믿음은 사람의 마음속으로 하나님의 은혜와 능력이 흘러들어가는 유일한 통로이기 때문에 예수님과의 관계 속에서 날마다 끊임없이 해야 할 제자의 한 가지 의무는 '믿는 것' 뿐이다. 믿는 자의 옛 본성인 악함과 죄성은 마지막까지 남아 있다. 그러므로 오직 날마다 연약한 모습으로 주님께 나아가 그분의 생명과 힘을 받을 때만이 하나님의 영광에 이르는 의의 열매를 얻을 수 있다. "그러므로 너희가 그리스도 예수를 주로 받았으니 그 안에서 행하되 그 안에 뿌리를 박으며 세움을 받아 교훈을 받은 대로 믿음에 굳게 서서 감사함을 넘치게 하라." 당신이 처음 예수님께 왔던 때처럼 믿음으로 그분 안에 거하라.

그리고 만약 당신이 예수님 안에 거하는 가운데 어떻게 믿음이 단련되고, 그의 안에서 더 심오하고 확고하게 뿌리내리는지 알고자 한다면 당신이 처음 그를 영접했을 때의 시간을 되돌아보아야 한다. 당신은 믿음을 갖게 되었던 때에 나타난 방해물을 잘 기억하고 있다. 그것은 먼저 당신의 추함과 죄악이다. 그때는 이토록 악한 죄인을 위한 용서와 사랑의 약속이 존재한다는 사실이 믿기지 않았다. 또한 나약함과 죽음에 대한 두려움이 있었다. 당신은 마땅히 취해야 할 순종과 믿음에 얼마나 강력한 힘이 있는지 깨닫지 못했다. 그리고 난 뒤 앞으로도 당신이 쉽게 넘어질 것이라고 확신한 나머지, 예수님의 제자라는 역할을 잘 감당할 수 없다 생각하고 곧바로 믿음 없이 넘어질 것이라 느낀 것이다.

이러한 어려움은 당신이 걸어야 할 길 위에 놓인 거대한 산과 같은 것이었다. 그런데 어떻게 그 산이 제거되었는가? 오직 하나님의 말씀에 의해서다. 당신이 가진 과거의 죄악과 현재의 연약함과 미래의 불신앙에도 여전히 그 말씀은 예수님이 당신을 맞아들이고 구원해주신다는 약속이 확실하다는 사실을 믿도록 강력하게 작용하고 있다. 그 말씀 위에 당신은 담대히 나아갔고 실망하지 않았다. 예수님이 참으로 당신을 찾아와서 구원하셨음을 깨달았다.

당신이 예수님께 나아갔을 때의 경험을 그분 안에 거하는 것에 적용시켜 보라. 그때처럼 지금도 당신을 믿음에서 떨어뜨리려는 유혹이 많다. 당신은 제자가 되었지만 여전히 죄를 짓고 있는 모습에 부끄러움으로 낙담하고, 주님이 당신을 그의 거룩한 사랑의 완전한 교제와 넘치는 기쁨으로 받아주시리라고 기대하기에는 그 죄악이 너무 커 보이기도 한다. 시간이 지나면서 당신이 가장 신성한 약속을 지키는 데 얼마나 철저히 실패했는지를 알게 되고, 지금의 나약한 모습을 보면 "주여, 지금부터 저는 주님 안에 거할 것입니다"라고 약속하며, 주님의 명령에 따라야겠다는 다짐을 하기도 두렵다.

그리고 장차 주님 안에 거하는 삶으로부터 흘러나올 사랑과 기쁨, 거룩함과 열매 맺는 삶을 생각하면 더 의기소침해지는 것을 느낀다. 정확히 말하면 결코 그 경지에 다다를 수 없다고 여긴다. 당신은 자신을 너무나 잘 알고 있으며, 그것을 기대하는 것은 아무런 소용이 없고, 도리어 실망만 안겨줄 뿐이다. 완전히 전적으로 예수님 안에 거하는 삶은 당신과 상관없어 보인다.

오, 주님께 처음 나아갔던 그때의 가르침으로부터 배우라! 사랑하는 자여, 그때 당신은 경험과 감정, 그리고 당신의 맑은 판단이 말하는 바와도 상반되지만 어떻게 예수님을 따르도록 인도되었는지, 심지어 어떻게 실망하지 않았었는지를 기억하라. 우리 주님은 참으로 당신을 용납하셨고 당신을 용서하셨다. 다시 말해 주님은 당신을 사랑하셨고 당신을 구원하셨다. 당신은 그것을 알고 있다. 원수이고 이방인이었을 때도 주님이 용납하셨다면 지금 그분께 속한 당신에게 주님은 그 약속을 훨씬 더 분명하게 지키지 않으실까?

지금은 쉽게 주님의 말씀을 들을 수 있고 "주님은 진실로 내가 주님 안에 거해야 한다고 생각하시는가?"를 물어볼 수 있지 않는가? 주님의 말씀인 그 응답은 너무나 명료하고 확고하다. 그분의 전능하신 은혜로 당신은 지금 그분 안에 있다. 따라서 그 동일한 은혜의 능력이 또한 당신으로 하여금 그분 안에 거하도록 할 것이다. 믿음으로 당신은 은혜의 수혜자가 되었다. 그래서 당신은 지속적인 은혜를 누릴 수 있다.

만약 그분 안에 거할 수 있음을 믿는 것이 정확히 무엇을 의미하는가를 물어본다면 그 대답은 어렵지 않다. 먼저 주님의 말씀을 믿으라. "나는 포도나무라." 가지의 안전과 열매 맺음은 그 포도나무의 건강함에 달려 있다. 그리스도의 존재가 포도나무와 같다는 믿음이 당신의 영혼에 충만히 거할 때까지 자신이 그 가지가 되어야 한다고 너무 깊이 생각하지도 말고, 주님 안에 거하는 것을 당신의 의무라고도 생각하지 말라. 주님은 진실로 포도나무가 할 수 있는 모든 일을 이루실 것이다.

당신을 굳게 붙들고 먹이시며 자신을 매 순간 당신의 성장과 열매를 위한 필요가 되게 하신다. 이것을 알아가는 시간을 가지고 진심으로 믿는 일에 헌신하라. 내가 필요한 모든 것을 얻기 위해 내가 의지할 수 있는 포도나무는 예수 그리스도뿐이시다. 크고 강한 포도나무는 흔들거리는 가지를 품고 그 가지가 포도나무를 잡는 것보다 더 힘 있게 가지를 잡고 있다. 너무나 영광스럽고 전능하신 주님이 성령으로 나타나시도록 하나님 아버지께 간구해보라. 당신이 그분 안에 거할 수 있게 하는 것은 다른 무엇이 아닌 그리스도께서 누구신지 아는 믿음이다. 포도나무를 잘 알고 있는 사람은 강한 가지의 모습으로 그분 안에 믿음직스럽게 거할 것이다. 예수님만 바라고 그가 참된 포도나무임을 온전히 믿으라.

"그는 나의 포도나무"라고 믿음으로 말할 수 있을 때 더 나아가 "나는 그의 가지이고 그의 안에 거한다"라고 고백할 수 있다. 나는 그리스도의 제자라고 말하는 사람들에게 이르고 있으며, 그들에게는 "나는 예수 안에 있다"고 고백하는 믿음을 행하는 것의 중요성을 아무리 강조해도 지나치지 않다. 그러면 주님 안에 거하는 것이 아주 단순해진다. 지금 나는 그리스도 안에 있고 주님이 나를 두셨던 곳에 남아 있게 하는 일에 동의하는 것 외에는 아무런 원함이 없다.

"나는 그리스도 안에 있다." 신중하게 기도하면서 믿음으로 내뱉은 이 단순한 고백이 모든 어려움을 물리치고 마치 아주 큰일을 이루어냈다는 생각을 갖게 한다. 나는 나의 고마우신 구주, 그리스도 안에 있다. "나의 사랑 안에 거하라"고 말씀하실 때 그분의 사랑은 나를 위해 거처를 준비하셨으므로 받아들이기만 하면 그분은 권능으로 그 문을 열고 나를 그 안으로 들이신다. 나는 그리스도 안에 있다. 이제 나는 이렇게 고백할 수밖에 없다. "구주여, 놀라운 은혜로 인해 주님을 찬양합니다. 저는 따릅니다. 그러므로 주님의 은혜로운 지키심에 저 자신을 드리고 진정으로 주님 안에 거합니다."

그 믿음이 그리스도 안에 거하는 삶의 깊은 의미들을 어떻게 만들어낼 것인지 놀랍지 않은가? 그리스도인의 삶에는 신중함도 필요하고 기도와 자기부정과 분투와 복종과 성실함이 매우 중요하게 요구된다. 그러나 믿는 자들에게는 능히 하지 못할 일이 없고 세상을 이기는 승리는 이것이니, 곧 우리의 믿음이다. 피조물의 약함을 돌아보시는 전능하신 구주의 충만한 공급하심을 기뻐하는 믿음은 우리의 영혼을 강건하고 즐겁게 만든다.

믿음은 성령으로 우리를 이끌어 하나님이 주신 놀라운 임마누엘 예수님에 대한 감사가 계속 자라게 한다. 믿음은 주님의 말씀을 한 장 한 장 읽어나갈 때마다 예수님을 알고자 하며, 그분의 모든 풍성함과 생명의 약속을 발견하겠다는 한 가지 소원만을 가지고 성령의 인도하심을 따르게 만든다. 또한 "너희는 처음부터 들은 것을 너희 안에 거하게 하라. 처음부터 들은 것이 너희 안에 거하면 너희가 아들과 아버지 안에 거하리라"(요일 2:24)는 말씀의 약속에 따르게 만든다. 따라서 믿음은 하나님의 강함으로 영혼을 강하게 하여 그리스도 안에 거하는 존재가 되어 그리스도 안에 거하기 위해 필요한 모든 것을 가능하게 한다.

믿는 자여, 그리스도 안에 거하라. 믿기만 하라. 항상 믿으라. 지금 믿으라. 이제 당신의 주 앞에 경배하고 어린아이와 같은 믿음으로 간구하라. 그분은 당신의 포도나무요 당신은 그분의 가지이다. 당신은 오늘 그분의 안에 거하게 될 것이다.

P·A·R·T·2

하나가 될 때
열매는 저절로 맺힌다

우리와 한몸이신
예수님과 연합하라

너희는 하나님으로부터 나서 그리스도 예수 안에 있고 예수는 하나
님으로부터 나와서 우리에게 지혜와 의로움과 거룩함과 구원함이
되셨으니. 고린도전서 1:30. 내 아버지는 농부라. 요한복음 15:1.

"너희는 그리스도 예수 안에 있고." 고린도교회의 성도들은 나약하
고 육신적이며 그리스도 안에서 어린아이와 같았다. 그래서 사도
바울은 그들이 그리스도 예수 안에 있음을 분명히 깨닫기를 원했
다. 성숙한 그리스도인의 삶은 우리가 그리스도 안에 있는지를 명
확히 인식하는 데 달려 있다. 그리고 그리스도 안에 거하기 위해 가
장 필요한 것은 "나는 그리스도 예수 안에 있다"는 믿음의 확신을

매일 새롭게 하는 것이다. 그리스도인을 향한 모든 설교는 반드시 "너희는 그리스도 예수 안에 있고"라는 이 말씀을 기점으로 해야 풍부한 결실이 있다.

그러나 사도 바울은 그보다 더 중요하다고 할 수 있는 말씀을 부연했다. "너희는 하나님으로부터 나서 그리스도 예수 안에 있고." 그는 우리가 그리스도와의 연합을 기억하게 할 뿐만 아니라 중요한 것은 우리의 행함이 아니라 하나님의 행하심을 인한 것이라는 사실을 기억하게 하였다. 성령께서 가르치시어 우리가 확신과 힘을 얻게 될 것이다. 만약 내가 그리스도 안에 있는 게 하나님께로 난 것이라면 창조주 하나님은 내가 그리스도 안에 거하기 위해 필요하거나 바라는 모든 것을 보증으로 주실 것이다.

"하나님으로부터 나서 그리스도 안에 있고." 이 놀라운 말씀이 의미하는 바를 잘 깨닫기 바란다. 그리스도와 연합하는 과정에는 하나님이 하시는 일과 우리가 해야 하는 일이 모두 존재한다. 하나님은 우리가 해야 할 바를 하도록 하신다. 하나님의 일은 드러나지 않고 고요하다. 반면 우리가 하는 일은 명확하고 가시적이다. 회심과 믿음, 기도와 순종은 우리가 분명하게 이해할 수 있는 의식적인 행위이다. 또한 위로부터 내리는 영적인 각성과 강건함은 비밀스러우며 인간의 시각으로 도달할 수 없는 곳에 있다. 그래서 믿는 자가 "나는 그리스도 예수 안에 있다"라고 말할 때, 그는 자신이 한 일을 우리가 그리스도와 연합하도록 이루신 놀랍고 비밀스러운 하나님의 일보다 더 크게 의식한다. 주로 그리스도인이 되는 초기에 이렇게 되기가 쉽다.

"내가 믿는 것을 나는 안다"라는 말은 분명한 간증이다. 그러나 우리가 마음을 돌이켜 믿고 그리스도를 영접한 이면에는 하나님의 전능하신 능력이 우리의 의지를 일깨우고, 우리를 소유하며, 우리를 예수 그리스도에게 심는 사랑의 목적을 수행하셨다. 그리스도인이 이렇게 하나님의 구원 사역에 들어올 때 그는 새로운 환희로 찬양하며 예배드리는 것을 알게 될 것이고, 그가 받은 구원은 지금까지의 어떤 일과도 비교할 수 없는 기쁨이 될 것이다. 그가 지나온 발걸음을 돌아볼 때마다 "이는 하나님이 행하신 것이라"는 찬양이 흘러나올 것이다. 하나님은 전능한 능력을 가지고 영원한 사랑으로 말미암아 친히 예정하신 일을 이루신다.

"나는 하나님으로부터 나서 그리스도 예수 안에 있다." 이 말씀은 우리를 훨씬 더 멀고 높은 곳으로 이끌어 영원의 한가운데까지 이르게 한다. "미리 정하신 그들을 또한 부르시고"(롬 8:30). 주님의 부르심은 영원 속에서 목적하신 바를 나타내는 것이다. 이 세상이 있기 전에 하나님은 그리스도 안에서 은혜로 택하신 당신에게 그의 존엄한 사랑의 눈을 고정시키셨다. 당신이 그리스도 안에 있음을 아는 것은 "나는 하나님으로부터 나서 그리스도 예수 안에 있고"라는 말씀의 완전한 의미를 이해하는 디딤돌과 같은 것이다.

당신도 이와 같이 고백할 것이다. "옛적에 여호와께서 나에게 나타나사 내가 영원한 사랑으로 너를 사랑하기에 인자함으로 너를 이끌었다 하였노라"(렘 31:3). 그리고 당신은 자신의 구원을 '하나님이 그분의 선한 기쁨에 따라 목적하신 뜻의 신비'로 깨닫게 될 것이고, 그리스도 안에서 믿는 자의 모든 연합에 참여하여 이렇게 고백할 것이다. "나는 하나님 아버지께로부터 나서 그리스도 안에 있다." 이 신비로운 말씀은 한없는 은혜를 가장 드높여 우리로 하여금 그 앞에서 깊이 머리 숙여 경배하지 않을 수 없게 만든다.

그리스도 안에 거하기를 원하는 믿는 자에게 그 말씀이 얼마나 강력한 영향을 미치고 있는지는 쉽게 깨달을 수 있다. 그 말씀을 믿는 자가 그리스도 안에 자기의 권리를 둘 때 하나님의 모든 충만하심으로 아버지의 목적과 일에 집중되는 것은 그에게 얼마나 확고한 믿음의 기반인가! 우리는 그리스도를 포도나무로 믿는 자들을 그 가지로 생각한다. 또한 "내 아버지는 농부라"는 다른 귀중한 말씀을 믿고 있다.

예수님은 "심은 것마다 내 하늘 아버지께서 심으시지 않은 것은 뽑힐 것이니"(마 15:13)라고 말씀하셨다. 그러나 참 포도나무인 주님에게 접붙여진 모든 가지는 결코 하나님의 손에 의해 뽑히지 않을 것이다. 그리스도께서 그의 모든 존재를 하나님 아버지께 맡기셨고, 그 안에 포도나무의 모든 힘과 생명이 있으므로 모든 믿는 자도 그리스도 안에서 자기의 자리와 안전을 하나님께 맡길 수 있다. 하나님 아버지께서 그의 사랑하는 아들을 돌보셨던 동일한 사랑과 기쁨으로 그의 몸의 모든 지체인 그리스도 예수 안에 거하는 모든 사람을 돌보신다.

이 믿음은 마지막까지 안전하게 보호받을 수 있을 뿐만 아니라 특별히 내가 그리스도와 연합된 목적을 매 순간 성취할 수 있다는 담대한 믿음을 준다. 가지는 포도나무만큼이나 농부의 손길과 보살핌이 중요하다. 농부의 보람은 포도나무가 건강하게 성장할 뿐 아니라 그 가지도 건강하게 잘 성장하는 것에 있다. 하나님은 그리스도를 포도나무로 택하시고, 그 일을 위해 철저히 준비되게 하셨다. 하나님은 또한 나를 택하시고, 그리스도 안에 심으시며, 나를 드리기만 하면 모든 면에서 예수 그리스도에게 걸맞은 자가 되리라는 확신을 주셨다. 나는 이 사실을 완전히 깨달았다. 하나님과 예수 그리스도께 드리는 나의 기도에 이 사실이 얼마나 깊은 신뢰와 중요성을 주는지 모른다. 그것은 실로 쉼 없는 기도가 내 삶의 한부분이 되고, 하나님의 일을 완성하기 위해, 또한 내 안에서 그 선하신 기쁨의 일을 계획하고 행하시기 위해 나를 그리스도와 연합하게 하신 하나님을 매 순간 바라고 기다리게 한다.

또한 그 믿음은 열매를 많이 맺는 가지의 생명을 유지하는 데 있어서 최고의 동기가 된다. 동기는 강력한 능력을 가지고 있다. 그렇기에 신앙생활에서 동기를 분명히 갖는 것은 매우 중요하다. "우리는 그가 만드신 바라. 그리스도 예수 안에서 선한 일을 위하여 지으심을 받은 자니"(엡 2:10). 이 말씀은 분명 최고의 동기일 것이다.

하나님이 우리를 그리스도에게 접붙여 많은 열매를 맺게 하신다. 하나님이 창조하신 모든 것은 그 목적까지 정교하게 조화된다. 하나님은 빛을 주시기 위해 해를 창조하셨다. 해는 얼마나 완전하게 일하고 있는가! 또한 보게 하기 위해서 눈을 창조하셨다. 이 역시 너무나 아름답게 그 목적을 완성하고 있지 않은가! 하나님은 선한 일들을 위해 사람을 창조하셨다. 사람은 얼마나 감탄할 만하게 그 목적에 부합되는가!

나는 하나님께로 나서 그리스도 예수 안에 있음으로 새로이 창조되고, 포도나무의 가지가 되어 열매를 맺기에 알맞게 만들어졌다. 믿는 자여, 마치 하나님이 불가능한 일을 명하신 양 옛 본성만을 바라보고 자기의 연약함에 대해 불평하기를 멈추지 않겠는가? 하나님이 우리를 그리스도와 하나 되게 하심으로 우리의 영적인 성장과 풍성함에 대한 책임을 지신다는 놀라운 비밀을 믿음으로 즐거이 받아들이지 않겠는가? 모든 연약함과 주저함과 나태함을 물리치고, 하나님의 신실하심으로 인해 우리가 그리스도 안에 있다는 이 강력한 동기를 가지고 일어나 전인격적으로 이 영광스러운 운명을 수용하고 이루어 성취하지 않겠는가?

오, 나의 영혼아! "너희는 하나님으로부터 나서 그리스도 예수 안에 있고." 이 말씀의 강력한 영향력에 자신을 내놓으라. 우리를 위해 그리스도를 주신 하나님, 우리가 그리스도 안에 거하게 하신 바로 그 하나님이 우리로 마땅히 그분의 뜻에 적합하게 하실 것이다. 하나님의 보좌로부터 나오는 광선이 당신을 비추어 당신을 그리스도와 연합하게 하는 일이 진실로 전능하신 하나님의 일임을 깨달을 때까지 묵상하는 시간을 가지라. 날마다 시간을 내서 원하는 바와 의무와 필요와 소망을 담은 당신의 모든 신앙생활에 하나님이 전부가 되게 하라.

예수님의 말씀을 들으라. "내 아버지는 농부라. 너희는 그에게서 나서 나의 안에 있고, 그를 통하여 나의 안에 거하며, 그에게, 그리고 그의 영광을 위해 너희는 열매를 맺으리라"고 말씀하시며 "내 안에 거하라"고 하신다. 그러면 당신의 대답은 "아멘, 주여!"가 될 것이다. 영원 전부터 그리스도와 나는 서로 운명 지어졌다. 그리하여 우리는 떨어질 수 없이 서로에게 속해 있다. 이는 하나님의 뜻이므로 나는 그리스도 안에 거하고자 한다. 나는 하나님께로 나서 예수 그리스도 안에 있다.

우리의 지혜이신
예수님을 의지하라

너희는 하나님으로부터 나서 그리스도 예수 안에 있고 예수는 하나님으로부터 나와서 우리에게 지혜와 의로움과 거룩함과 구원함이 되셨으니. 고린도전서 1:30.

예수 그리스도는 하나님이 사랑하는 자들을 위해 예비하신 구원을 주시는 제사장일 뿐 아니라 그것을 확고하게 하시는 왕이시며, 그 구원을 나타내시는 선지자시다. 천지창조 때 처음으로 빛이 말씀으로 생겨났으며, 그 빛으로 인해 다른 피조물이 생명과 아름다움을 가진 것처럼 본문 말씀에서 가장 먼저 언급된 지혜는 다른 세 가지 귀중한 선물을 발견할 수 있는 보고(寶庫)가 된다.

생명은 인간의 빛이다. 그리스도께서 우리를 영생의 참여자로 만드는 것은 그 빛을 우리에게 나타내고 하나님의 얼굴에 있는 영광을 보게 하는 데 있다. 선악을 알게 하는 나무의 실과로 죄가 들어온 것과 같이 그리스도께서 주시는 지식으로부터 구원이 온다. 예수 그리스도는 하나님으로부터 나서 우리에게 지혜가 되셨다. 그 안에 지혜와 지식의 모든 보화가 숨겨져 있다.

당신은 하나님으로부터 나서 그리스도 안에 있으므로 그분 안에 거하기만 하면 지혜의 보물들을 소유할 수 있다. 그 안에 당신이 있으며 그 안에 지혜가 있다. 그리스도 안에 거함으로써 당신은 모든 빛의 근원 속에 있으며, 그분 안에 거하면 당신의 신령한 삶 전체를 인도하시고, 당신이 알고자 하는 만큼의 지식으로 교통하기 원하시는 하나님의 지혜인 그리스도를 소유하게 된다. 그리스도는 우리에게 와서 지혜가 되셨다. 당신은 그리스도 안에 있다.

우리가 더 올바르게 이해해야 할 것은 하나님에 의해 그리스도께서 우리에게 무엇이 되었는지, 그리고 그 안에 거하는 것만으로 우리가 어떻게 그것을 소유할 수 있는지와의 관련성이다. 그리하여 그리스도 안에서 우리를 위해 준비된 축복은 그분 안에 거하지 않은 채 아무리 기도해도 얻을 수 없는 특별한 선물임을 깨닫게 될 것이다. 모든 기도의 응답은 반드시 그리스도 안에 깊이 거하여 친밀히 연합할 때 온다. 그분 안에 놀라운 선물과 다른 모든 보물이 쌓여 있다. 지혜와 지식도 그러하다.

당신은 하나님을 알기 위한 지혜와 영적인 이해를 얼마나 간구해 보았는가? 하나님을 아는 것은 영생이다. 예수님 안에 거하라. 예수님 안에 거할 때 하나님을 아는 단 한 가지 참된 지식을 가질 수 있다. 하나님의 사랑, 하나님의 능력, 그 영원한 영광은 당신이 예수님 안에 거할 때 나타난다. 당신은 이것을 머리로 이해하거나 말로 표현할 수 없을지도 모른다. 그러나 생각이나 말보다 더 깊은 지식을 얻을 것인데, 바로 하나님을 앎으로부터 오는 지식이다. "오직 부르심을 받은 자들에게는 유대인이나 헬라인이나 그리스도는 하나님의 능력이요 하나님의 지혜니라"(고전 1:24).

다른 모든 것은 기꺼이 셀 수 있겠지만 예수 그리스도를 아는 탁월한 지식은 다 헤아리지 못할 것이다. 예수님 안에 거하고 그분 안에서 발견되라. 그분의 부활의 능력과 고난을 나누는 가운데 예수님을 알게 될 것이다. 그분을 따르면 어둠 속을 걷지 않고 생명의 빛을 얻을 것이다. 하나님이 우리의 마음을 비추시고 예수님이 그곳에 거하실 때만 우리는 예수 그리스도의 얼굴에 있는 하나님을 아는 지식을 깨달을 수 있다.

또한 그리스도께서 이 땅 위에서 행하셨던 사역과 하늘로부터 그분의 성령으로 행하신 일들을 알기 원하는가? 그리스도께서 어찌하여 우리에게 의와 거룩함과 구원함이 되셨는지 알고자 하는가? 그것은 바로 우리에게 하나님의 지혜가 되시는 그분이 나타나고 우리와 교제할 때 비로소 알게 된다. 동시에 수천 가지 질문이 떠오를 것이다. 그런데 그 답을 알려고 하면 피곤하고 부담이 될 것이다. 당신이 그리스도 안에 거하면 그리스도께서 당신의 지혜가 되신다는 사실을 망각했기 때문이다. 그리스도 안에 거하기를 끊임없이 열망하며 가장 우선적으로 생각하라. 마음과 삶이 그리스도께 바로 뿌리박혀 있으면 그리스도의 지혜로 지식을 얻을 것이다.

그리스도 안에 거하지 않은 채 얻는 지식은 유익하지 않으며 도리어 해가 될 수 있다. 진리의 외양과 형상만 가지고 만족하는 영혼은 진리가 가진 능력을 얻지 못한다. 하나님의 방법은 비록 씨앗과 같은 모습일지라도 그 존재 자체와 생명과 능력을 항상 우리에게 먼저 주시고 그다음에 지식을 주시는 것이다. 그러나 안타깝도다! 인간은 지식을 먼저 구하고 그 이상을 넘어서지 못한다. 하나님은 우리에게 그리스도를 주시고, 그분 안에 지혜와 지식의 보화를 숨겨 놓으셨다. 우리는 그리스도를 소유하고, 그분 안에 거하며, 그분을 우리의 생명이 되게 해야 한다. 그분을 더 깊이 구할 때 우리가 바라는 지식을 발견할 수 있다. 그러한 지식은 실로 엄청난 생명력을 나타낼 것이다.

그러므로 그리스도인들이여, 당신의 지혜이신 예수님 안에 거하고, 그분이 하나님 아버지의 영광에 이르는 생명을 얻기 위해 필요한 게 무엇인지 가르치시는 말씀을 신뢰하며, 그 답을 기대하라. 영적인 생명과 관련한 모든 것에서 당신의 지혜이신 예수님 안에 거하라. 예수님 안에서 당신이 소유한 생명은 너무나 신성하여 이것이 어떻게 이루어지는지 이해하기에는 매우 높고 거룩하다. 오직 하나님만이 신비로운 영적인 감각으로 당신이 하나님의 자녀로서 얼마나 존귀한지와 영적생활, 특히 예수님 안에 거하기 위한 디딤돌과 장애물은 무엇인지 알려주실 수 있다. 그것을 당신이 해결해야 할 난제로 간주하지 말라.

주님 안에 온전히 거하고 방해받지 않는 것과 그분으로부터 모든 축복을 얻는 게 가능한 일인가라는 의심이 들 때마다 항상 기억하라. 주님은 모든 것을 완전히 명확하게 아시는, 바로 당신의 지혜이시다. 주님을 신뢰하기만 하면 당신이 알고자 하는 만큼, 이해할 수 있는 만큼 분명히 알게 될 것이다. 예수님 안에 보물로 감추어진 풍성한 지혜와 지식에는 어떤 열쇠도 없고, 그것을 찾아가는 길에는 불빛이 없다고 생각하지 말라. 당신이 깨닫지 못해도 당신의 지혜이신 예수님이 옳은 길로 인도하고 계신다.

축복의 말씀을 묵상할 때마다 같은 진리를 기억하라. 당신의 지혜이신 예수님 안에 거하라. 기록된 말씀을 깨닫기 위해 힘쓰라. 그러나 당신을 품은 살아 있는 말씀이신 예수님을 알기 위해 더욱 힘쓰라. 하나님의 지혜이신 예수님은 오직 당신이 절대적으로 신뢰하고 순종할 때 알 수 있다. 그분의 입에서 나오는 말씀은 그 안에 사는 자에게 영이자 생명이다. 그러므로 말씀을 대하거나 듣거나 묵상할 때마다 당신이 있어야 할 곳에 있도록 주의하라. 먼저 당신이 하나님의 지혜이신 예수님과 연합하였다는 사실을 상기하라. 그분의 가르치심과 특별한 훈련을 받고 있음을 알고, 그분 안에서 하나님의 빛의 근원인 말씀으로 나아가라. 그 빛 가운데 있을 때 참 빛을 볼 수 있다.

일상생활과 일에서 당신의 지혜이신 예수님 안에 거하라. 당신의 몸과 소소한 일상도 위대한 구원의 일부이다. 하나님의 지혜이신 그리스도 안에 당신의 몸과 일상에 필요한 모든 것이 있다. 당신의 몸은 하나님의 성전이다. 당신의 일상은 하나님을 영화롭게 하는 장이다. 그래서 주님은 우리 모든 육신의 관심이 올바르게 인도되어야 함을 아주 중요하게 여기신다. 오직 그의 긍휼하심을 신뢰하고, 그의 사랑을 믿으며, 그의 이끄심을 기다려야 한다. 그러면 인도하심을 받을 것이다. 그분 안에 거할 때 우리의 마음은 육신의 감정으로부터 안정되고 자유로워지며, 분별력은 명확하고 강해지고, 하늘의 빛이 이 땅의 일에 비추어 솔로몬의 지혜를 구하는 당신의 기도가 원하고 생각하는 것 이상으로 성취될 것이다.

또한 특별히 하나님을 위해 하는 모든 일 가운데 당신의 지혜이신 그리스도 예수 안에 거하라. "우리는 그가 만드신 바라. 그리스도 예수 안에서 선한 일을 위하여 지으심을 받은 자니 이 일은 하나님이 전에 예비하사 우리로 그 가운데서 행하게 하려 하심이니라"(엡 2:10). 이러한 일이 무엇인지 정확히 알지 못할 것 같다는 모든 두려움과 의심을 내던져버리자. 그리스도 안에서 우리는 그 일을 하기 위해 창조되었기에 주님이 그 일이 무엇인지, 어떻게 해야 할지 가르쳐주실 것이다. 당신이 알지 못하는 곳에서도 하나님의 지혜로 인도하심을 받는다는 확신 속에 기뻐하는 습관을 길러보자.

당신이 알고자 하는 모든 것은 하나님에게는 너무나 뚜렷하고 명확하다. 예수님은 사람이자 중보자로서 당신을 위해, 당신을 대신하여 하나님의 가르치심과 예정하심의 비밀에 다가가셨다. 온전히 그분을 믿기만 한다면, 그리고 완전히 그분 안에 거하기만 한다면 당신은 틀림없이 주님의 인도하심을 확신할 수 있을 것이다.

그렇다. 당신의 지혜이신 예수님 안에 거하라. 늘 배우기를 구하는 기다림의 영과 의지의 영을 항상 갖도록 힘쓴다면, 천국 빛의 인도하심을 따른다면 절대 흔들리지 않을 것이다. 모든 불필요한 혼란에서 벗어나 세상의 목소리에 귀를 닫고 온순한 학생처럼 전능자께서 가르치시는 하늘의 지혜를 들으라. 자신의 모든 지혜를 내려놓고 하나님의 일에 관한 모든 것을 이해하려는 통로를 닫자. 당신이 믿어야 하는 것과 행해야 하는 것, 이 두 가지에 관해 예수님의 가르침과 인도하심을 기다리라. 그 가르침과 인도하심은 외부로부터 오는 것이 아니라 우리 안에 계신 하나님의 생명이, 그 지혜가 일하는 것이다.

예수 그리스도와 함께 자주 심령의 깊은 방으로 들어가서 모든 것이 고요한 중에 성령의 부드러운 목소리를 들으라. 흑암 중에서도 확고한 믿음으로, 우리 안에 살아계신 주님이 신령한 지혜로 일하심을 기억하라. 모든 것이 잠잠할 때 성령의 부드러운 음성을 들을 수 있는 마음속의 깊은 방으로 들어가라. 사망의 음침한 골짜기에서도 주님이 빛이 되시고 그 빛의 인도자임을 확고히 믿으라. 무엇보다도 날마다 살아계신 그리스도 안에 거하라. 그분의 지혜가 뿌리로부터 솟아나는 생명처럼 자연스럽게 당신에게 흘러나올 것이다. "주님, 제가 그리스도 안에 거합니다. 그리스도는 하나님으로부터 나와서 우리의 지혜가 되셨으니 제게도 지혜를 주실 줄 믿습니다."

우리의 의로움이신
예수님을 좇으라

너희는 하나님으로부터 나서 그리스도 예수 안에 있고 예수는 하나
님으로부터 나와서 우리에게 지혜와 의로움과 거룩함과 구원함이
되셨으니. 고린도전서 1:30.

우리의 지혜이신 그리스도께서 그분 안에 준비된 축복 가운데 가장
먼저 나타내신 것은 의로움이다. 이것이 왜 가장 우선이 되어야 하
는지 깨닫는 것은 그리 어려운 일이 아니다. 국가나 가정, 혹은 사
람의 마음에 평화가 없다면 진정한 번영이나 발전이 있을 수 없다.
심지어 기계도 적절하게 쉬어주지 않으면 작동할 수 없듯 좋은 토
대가 보장된 마음의 평화와 확신은 우리의 정신과 영적인 건강에

필수불가결한 것이다. 죄는 우리의 모든 관계를 방해해왔다. 우리는 자기 자신, 다른 사람들, 그리고 하나님과 조화되지 않았다.

우리에게 진실로 축복을 가져오는 구원의 첫 요건은 평화였다. 그리고 평화는 의를 동반해야 올 수 있다. 만물이 하나님의 소유물인 것처럼 그분의 질서와 뜻과 조화로운 곳에서만이 평화가 다스릴 수 있다. 예수 그리스도는 의로움을 회복시킴으로써 이 땅과 영혼에 평화를 회복시키려고 오셨다. 그분은 멜기세덱이자 의의 왕이며 살렘 왕이시자 평강의 왕이시다(히 7:2). 그러므로 오직 그분만이 선지자들이 전한 언약을 성취하실 수 있다. "보라. 장차 한 왕이 공의로 통치할 것이요 공의의 열매는 화평이요 공의의 결과는 영원한 평안과 안전이라"(사 32:1,17). 그리스도는 하나님으로부터 나와서 우리의 의로움이 되셨고, 우리는 그리스도 안에서 하나님의 의로움이 되었다. 이 말의 의미를 깊이 깨닫기 바란다.

죄인이 구원을 얻기 위해 처음으로 그리스도를 영접하게 되었을 때 그는 보통 그리스도의 존재보다는 행하신 업적을 더 많이 바라본다. 그러나 그분의 십자가와 의로우신 자로서 불의한 사람들을 위해 고통당하신 그리스도의 본질을 깨달을 때 그 속죄의 죽음은 하나님의 자비로운 용서를 믿을 수 있는 유일하면서도 충분한 근거가 된다. 우리를 대신하여 죽음과 저주를 짊어지신 그리스도의 속죄는 죄인에게 평안을 준다. 그리스도의 의로우심으로 말미암아 용서와 화평을 얻고, 그것에 힘입어 하나님 앞에 의롭다고 인정받음을 깨달을 때 하나님의 기뻐하심을 받을 수 있는 자신감을 얻은 것과 같다. "우리가 믿음으로 의롭다 하심을 받았으니 우리 주 예수 그리스도로 말미암아 하나님과 화평을 누리자"(롬 5:1). 그는 자기에게 주어진 의의 영광스러운 선물을 믿음으로 받아 옷 입고자 한다.

그러나 시간이 지나고 그리스도인의 삶에서 자라가기를 구하면서 새로운 욕구가 생겨난다. 하나님이 어떻게 다른 사람들의 의로움을 가지고 불경건한 자들을 의롭다고 하실 수 있는지 더 온전히 이해하고 싶은 것이다. 그는 성경의 놀라운 가르침에서 이에 대한 해답을 얻는다. 바로 두 번째 아담으로서의 예수 그리스도와 믿는 자가 연합함으로 가능하다는 것이다. 그리스도께서 친히 그의 백성들과 하나가 되고 그들도 그리스도와 하나가 되었다. 이는 자연과 천국의 모든 법칙과도 부합하여 몸의 각 지체는 머리를 따라 그 삶의 행하심과 고통당하심의 결과를 나누어 가질 수 있다. 그러므로 그가 그리스도를 머리로 하여 그와 연합되었음을 완전히 깨달을 때 그리스도의 의로우심으로 우리는 거룩하신 하나님의 기뻐하는 자가 되어 그분과의 온전한 교제를 회복할 수 있음을 알 수 있다.

그리스도께서 행하신 일들은 덜 중요해지지만 그리스도의 존재 자체는 더 소중해진다. 그리스도의 행하심은 그리스도의 사랑과 생명이라는 그분의 존재 자체로 이끈다. 또한 이 경험은 성경을 읽을 때 한 번 더 그 빛을 발한다. 전에는 좀처럼 깨닫지 못했던 것을 깨닿고 하나님의 의를 갖게 될 때 그것이 어떻게 구속자이신 주님의 성육신과 연결되는지 분명히 밝혀준다. "그의 이름은 여호와 우리의 공의라 일컬음을 받으리라"(렘 23:6). "공의와 힘은 여호와께만 있나니 사람들이 그에게로 나아갈 것이라"(사 45:24). "우리로 하여금 그 안에서 하나님의 의가 되게 하려 하심이라"(고후 5:21).

그는 예수 그리스도 안에서 의로움과 생명이 얼마나 밀접하게 관련되었는지 깨닫는다. "의의 선물을 넘치게 받는 자들은 한 분 예수 그리스도를 통하여 생명 안에서 왕 노릇 하리로다"(롬 5:17). 그리고 로마서에서 핵심적으로 나타난 메시지의 깊은 의미를 간파한다. "오직 의인은 믿음으로 말미암아 살리라"(롬 1:17). 그는 이제 의로움이라는 의복을 입는 데에서 만족하지 않고, 예수 그리스도를 옷 입고 그 안에 싸여서 예수님과 그의 생명으로 덧입기를 구한다. 우리의 의로움이신 예수 그리스도를 소유했으니 그는 하나님의 의로움이 얼마나 완전하게 자기의 것이 되었는지 깨닫는다. 이를 이해하기 전에는 온종일 흰 옷을 입는 것이 너무나 어렵다고 느끼곤 했다.

특별히 그가 하나님의 임재 앞에 나아가 죄를 고백하고 새로운 은혜를 구할 때는 더욱 흰 옷을 입어야만 하는 것 같았다. 그러나 이제 살아계신 그리스도께서 친히 그의 의로움이 되신다. 항상 자기의 백성을 돌아보고 지키고 사랑하시는 그리스도로 옷 입고 살아가는 것이 더 이상 불가능하지 않다. 그 경험은 더 심오한 곳으로

가는 길을 열어준다. 생명과 의로움은 서로 불가분의 관계이므로 믿는 자는 그 안에 심겨진 의의 본성을 이전보다 더 자각하게 된다.

그리스도 예수 안에서 창조된 새로운 사람은 "의와 진리의 거룩함"(엡 4:24)으로 창조되었다. "의를 행하는 자마다 그에게서 난 줄을 알리라"(요일 2:29). 예수님과의 연합은 하나님과의 관계에만 영향을 미친 것이 아니라 하나님 앞에서 우리의 개인적인 자격까지도 변화시켰다. 예수님과의 연합이 열어놓은 친밀한 관계가 유지되었고 존재 전체가 점차 새로워짐으로써 본성에 의가 자리 잡는다.

"그리스도께서는 우리에게 의로움이 되셨다"는 진리의 깊은 의미를 깨닫기 시작한 그리스도인에게 반드시 "내 안에 거하라"고 말해야 할 필요는 없다. 그리스도의 의로우심을 알고 그로 인해 우리도 의롭게 되었음을 아는 한, 주님 안에 거해야 한다고 절대적으로 강조할 필요는 없다. "우리의 공의이신 여호와"의 영광이 길을 비출 때 그리스도 안에 거하는 것이 항상 하나님 앞에 온전하고 용납되는 유일한 길이라는 사실을 깨닫게 되는 것이다. 그것은 우리의 머리이신 예수님으로부터 새롭고 의로운 본성이 굳건해질 수 있는 단 하나의 방법이기 때문이다. 회개하는 죄인은 주로 우리의 죄로 인해 죽으신 예수님을 통해 오는 의로움을 생각한다. 성숙한 그리스도인은 살아계신 예수님을 통해 의로움이 온다고 믿기 때문에 예수님을 자기의 모든 것으로 삼는다.

성도들이여, 당신의 의로움이신 그리스도 안에 거하라. 당신은 하나님과의 온전한 관계를 끊임없이 의심하고 곡해하는 부패하고 악한 본성을 소유하고 있다. 당신과 하나님과의 사이에 비록 먹구름이 끼어 있을지라도 당신의 의로움이신 그리스도 안에 지속적으로 거하면 그 무엇도 하나님의 빛 가운데 걸어가는 당신을 가로막을 수 없을 것이다. 이를 위해 당신이 부르심을 받았다. 그 부르심에 합당하게 살라. 자신을 성령께 내드리면 그분은 당신에게 신령하고 거룩한 옷을 입혀 하나님께로 가까이 이끄는 놀라운 은혜를 베푸실 것이다.

당신이 진실로 왕의 의복을 입었다는 사실을 확신하라. 그 옷을 입은 당신은 왕의 존전에 담대히 나아갈 수 있다. 그 의복은 왕이 기꺼이 명예를 주고자 한다는 증표이다. 왕의 사자이자 대리인으로서 보냄받은 이 세상에서 그 증표가 필요한 만큼 요구하기만 하면 된다는 사실을 기억하라. 당신은 하나님의 눈에 의로운 자이며 그리스도 안에서 기쁨과 즐거움의 대상임을 온전히 깨닫는 가운데 일상을 살아가라.

"예수는 하나님으로부터 나와서 우리에게 의로움이 되셨다." 이 말씀을 필두로 하여 당신이 그리스도께 받은 다른 모든 은혜를 연관시키라. 이는 당신을 완전한 평안으로 이끌 것이다. 그리하면 당신은 하나님의 안식 속에 들어가 거하게 되어 당신의 가장 깊은 내면이 의로움으로 변화되고 의로운 일을 할 수 있다. 당신의 마음과 삶이 당신이 거하고 있는 장소를 증명할 것이다. 의로우신 예수 그리스도 안에 거하는 당신은 그분의 자리와 성품과 축복에 이를 것이다. "왕은 정의를 사랑하고 악을 미워하시니 그러므로 하나님 곧 왕의 하나님이 즐거움의 기름을 왕에게 부어 왕의 동료보다 뛰어나게 하셨나이다"(시 45:7). 측량할 수 없는 기쁨과 즐거움이 당신의 상급이 될 것이다.

우리의 거룩함이신
---------------------------- 예수님께 접붙으라

너희는 하나님으로부터 나서 그리스도 예수 안에 있고 예수는 하나
님으로부터 나와서 우리에게 지혜와 의로움과 거룩함과 구원함이
되셨으니. 고린도전서 1:30.

"고린도에 있는 하나님의 교회 곧 그리스도 예수 안에서 거룩하여
지고 성도라 부르심을 받은 자들"(고전 1:2). 고린도전서 1장은 그
리스도께서 우리의 거룩함이 되심을 가르치는 말씀으로 시작된다.
구약에서 믿는 자들은 의인이라고 불렸다. 한편 신약에서 그들은
그리스도 안에서 거룩하게 된 성도요 거룩한 자라고 말한다. 거룩
함은 의로움보다 더 높은 것이다.

하나님 안에 있는 거룩함은 그분 존재의 가장 중심과 관련된 반면, 의로움은 주로 하나님이 피조물을 대하시는 것과 관련된다. 사람에게 의로움이란 거룩함으로 가는 징검다리에 지나지 않는다. 거룩함이 하나님의 온전함에 가장 가깝다(마 5:48, 벧전 1:16 참고). 구약에서도 의로움은 나타나지만 거룩함은 그 전형만 나타났을 뿐이다. 거룩함은 거룩하신 자, 곧 그리스도 안에서와 그분의 백성들 안에서, 그리고 그분의 성도 안에서 실현되었다.

성경과 본문 말씀에서 나타난 것처럼 개인적인 경험에서도 의로움은 거룩함에 선행된다. 성도는 의로움이신 그리스도를 찾을 때 거룩함에 관한 연구로는 발견할 수 없는 새로운 깨달음을 얻고 기뻐한다. 그러나 그가 성장함에 따라 저절로 거룩함에 대한 열망이 일어나서 하나님이 우리의 거룩함을 위해 예비하신 것에 관해 알고자 한다.

하나님의 계획에 관한 피상적인 지식은 그리스도를 믿음으로 말미암아 얻는 칭의는 하나님의 일이며, 우리가 경험했던 구원의 감격에 감사하여 성령의 도우심으로 말미암아 거룩하게 되는 것은 우리의 일이라고 보는 견해를 갖게 한다. 그러나 신실한 그리스도인이라면 곧 감사가 줄 수 있는 거룩함의 능력이 얼마나 적은지 알게 될 것이다. 기도가 거룩함의 능력을 가져올 것이라고 생각하지만 기도가 반드시 필요함에도 불구하고 그것만으로는 부족함을 깨닫게 된다. 때로는 그렇게 수년 동안 희망 없이 분투한 끝에 성령의 가르침을 듣고서야 비로소 그리스도께서 우리의 거룩함이며, 그것을 믿음으로써만 얻을 수 있다는 사실을 깨닫게 된다.

그리스도는 하나님으로부터 나서 우리의 거룩함이 되셨다. 거룩함은 하나님의 소유이자 본성이고 하나님 안에 충만한 것이다. 죄인인 인간이 어떻게 거룩해질 수 있느냐고 묻는다면 하나님의 대답은 "하나님의 거룩한 자, 그리스도"이다. 아버지께서 거룩하게 하사 이 세상에 보내신 그리스도 안에서 거룩해질 수 있다. "그들을 위하여 내가 나를 거룩하게 하오니 이는 그들도 진리로 거룩함을 얻게 하려 함이니이다"(요 17:19).

그리스도의 거룩함에 참여하는 방법 외에 우리가 거룩하게 되는 길은 없다. 또한 우리가 그리스도와 영적으로 연합하여 그분의 성령을 통해 그분의 거룩한 생명이 우리에게 흘러오도록 해야만 가능하다. "너희는 하나님으로부터 나서 그리스도 예수 안에 있고 예수는 하나님으로부터 나와서 우리에게 거룩함이 되셨으니." 믿음으로 우리의 거룩함이신 예수 그리스도 안에 거하는 것은 거룩한 삶의 비밀이다. 거룩함의 정도는 그분 안에 거하는 정도에 달려 있다. 그리스도 안에 온전히 거하는 것을 깨달은 사람에게 이 비밀은 점차 실현될 것이다. "평강의 하나님이 친히 너희를 온전히 거룩하게 하시고"(살전 5:23).

그리스도 안에 거하는 정도와 성화의 정도 사이의 관계를 비유적으로 나타내는 모습으로, 우리가 예수님과 연합하는 모습을 상징

하는 포도나무 가지의 접붙임을 생각해보자. 주님의 말씀 가운데 그 실례가 있다. "나무도 좋고 열매도 좋다 하라"(마 12:33). 한 나무에 접붙이기를 해서 원래 있던 많은 가지가 나쁜 열매를 맺지만 하나의 가지만 좋은 열매를 맺을 수도 있다. 이것은 바로 삶의 작은 부분만 거룩해지고, 성화에 대한 무관심이든 다른 이유로든 육신의 삶이 여전히 많은 부분을 차지하는 성도를 가리킨다.

모든 가지를 다 잘라내서 그 나무의 가지 전체가 새로운 좋은 열매를 맺도록 접붙일 수도 있다. 그런데 싹을 틔우는 줄기를 돌보지 않는다면 이전의 그 가지들이 다시 돋아나고 자라서 튼튼해지고, 든든하게 붙어 있어야 할 필요가 있는 새 가지를 약하게 만들고 말 것이다. 이는 외관상으로 담대하게 변화되어 그리스도를 따르기 위해 모든 것을 버렸으나, 잠시 시간이 지난 후 자신을 돌보지 않음으로 인해 과거의 습관들이 그 변화된 모습을 지배해버린 그리스도인의 모습과 같다. 그런 그리스도인의 삶의 열매는 미미하다.

그러나 만약 내가 그 나무를 온전히 좋은 것으로 만들고자 한다면 그 나무가 아직 어릴 때 땅 위의 모든 줄기를 잘라내버리고 땅에서 바로 올라오는 그 줄기에 그 가지를 접붙일 것이다. 나무의 물줄기가 오래된 뿌리로부터 새로운 가지로 완벽하게 흘러들어가게 될 때까지 오래된 본성을 입을 가능성 있는 모든 싹을 세밀하게 관찰하고, 그리하여 새로운 생명이 이전의 그 오래된 생명을 완전히 누르고 덮게 할 것이다. 이제 나는 한 나무가 완전히 새롭게 되도록 하였다. 이는 모든 것을 그리스도께 드리고, 온전한 믿음으로 온전히 그리스도 안에 거하는 전적인 성화를 이룬 그리스도인의 상징이다.

마지막의 경우에서 만약 나무가 농부와 서로 협력할 수 있는 이성적인 존재라면 그에게 어떻게 말할 수 있을까? 이렇게 말할 것이 아닌가?

"이제 내가 네게 접붙여준 새로운 가지에 자신을 완전히 굴복시키라. 옛 가지에서 눈이나 싹을 내려고 하는 본성을 억누르라. 내가 저기 아름다운 나무에서 가져와 네게 둔 이 새로운 접지로 네 모든 수액과 생명력을 끌어올리라. 그러면 네가 달콤한 열매를 많이 맺게 될 것이다."

그리고 나무가 농부에게 하는 말은 이러할 것이다.

"당신이 나에게 접붙이기를 할 때 가지 한 개라도 남기지 마세요. 옛것이라면 가장 작은 가지라도 다 없애버리세요. 그러면 저는 더 이상 옛 모습이 아니라 잘라내 버려지고 새로 입혀진 새로운 모습으로 살 거예요. 그러면 저는 완전히 새롭고 좋은 나무가 될 거예요."

그리고 새롭게 된 나무는 풍성한 열매를 맺은 후에 이렇게 고백할 것이다.

"내 안에, 즉 내 뿌리 안에는 좋은 것이 없어요. 저는 항상 나쁜 쪽으로 가려고 하지요. 내가 원래 토양으로부터 얻은 수액은 부패하고 나쁜 열매를 맺으려고만 합니다. 그러나 수액이 열매를 맺게 하기 위해서 양지로 올라갈 때 지혜로운 농부가 나를 새로운 생명으로 감싸주었고, 그것으로 인해 나의 수액이 깨끗하게 되었으며, 내 모든 힘은 좋은 열매를 맺을 수 있도록 새롭게 되었습니다. 나는 내가 받은 것 안에 있었을 뿐입니다. 그가 나의 본성을 즉각적으로 돌아보고 옛 습성이 올라와서 싹이 틀 때 제거해주었습니다.”

그리스도인들이여, 당신을 거룩하게 만들고자 하는 하나님의 약속을 담대하게 요구하라. 당신의 부패한 옛 본성으로 인해 거룩해지는 것은 불가능하다고 하는 말에 귀 기울이지 말라. 당신의 육체에는 선한 것이 거하지 않고, 비록 그 육체가 그리스도와 함께 십자가에 못 박혔을지라도 아직 죽은 것이 아니라 지속적으로 올라와서 당신을 악한 데로 이끌려고 한다. 그러나 하나님이 농부가 되신다. 하나님이 그리스도의 생명을 당신의 생명에 접붙이셨다. 그 거룩한 생명은 당신의 악한 생명보다 더 강력해서 농부가 세심히 지켜보는 가운데 새로운 생명이 당신 안에 일어나는 악한 생명의 일을 잠재울 수 있다.

악한 본성이 다시 일어나서 자신을 드러내려고 여전히 남아 있다. 그러나 당신의 거룩함이신 살아계신 그리스도의 새로운 본성도 거기에 있다. 그분을 통해 당신의 모든 능력에는 거룩함의 생명력이 있어 하나님 아버지의 영광을 위한 열매를 맺을 수 있다. 그리고 지금 거룩한 삶을 살기 원한다면 당신의 거룩함이신 그리스도 안에 거하라. 하나님의 거룩하신 자로 우리에게 하나님의 거룩하심을 전해주기 위해 인간이 되신 그분을 바라보라. 당신 안에 그리스도 예수의 의로움과 참된 거룩함으로 창조된 새로운 본성, 곧 새로운 사람이 있다고 성경이 가르치는 말씀에 귀를 기울이라.

당신의 옛 본성이 악한 일을 하는 데 쓰였던 것처럼 당신 안에 새로이 가진 이 거룩한 본성은 당신의 거룩한 삶을 위해, 그리고 거룩한 의무를 수행하기에 유일하게 적합한 것이다. 이 거룩한 본성의 근원과 생명이 하늘에 계신 그리스도에게 있으며, 그 거룩한 본성과 그 근원 사이의 연합이 방해받지 않을 때 자라고 강해질 수 있음을 알기 바란다. 그리고 무엇보다도 그리스도께서 당신 안의 새로운 본성이 지속되기를 기뻐하시고, 그 본성이 일하도록 그분의 힘과 지혜를 부여하심을 믿으라. 이 믿음이 당신으로 하여금 온전한 자신감을 가지고, 자기를 굴복시키며, 당신 안의 본성은 모두 철저히 부패했음을 고백하게 이끈다.

당신을 강하게 하시는 그리스도를 소유한 당신은 이제, 주님의 은혜로운 언약 아래 아버지께서 그의 자녀들에게 기대하는 것을 할 수 있다는 확신으로 충만해졌다. 그 믿음으로 인해 당신 자신과 당신의 헌신을 하나님 앞에서 향기로운, 그리고 거룩하고 받으실 만한 신령한 제물로 제단 위에 올려드리자. 거룩한 삶을 노력해야 얻는 것이나 소질처럼 여기지 말고, 당신 안에서 그리스도의 생명이 자연스럽게 성장하는 것으로 바라보라. 그리고 평안하고 희망으로 충만하며 기쁜 믿음으로, 거룩한 삶을 위해 당신에게 필요한 모든 것이 거룩하신 예수님으로부터 주어질 것이라는 확신 위에 서라. 이제 당신은 우리의 거룩함 되시는 그리스도 안에 거하는 것이 무엇인지 이해하고 나타내게 될 것이다.

05

As your Redemption

우리의 구원이신
------------------------------ 예수님을 갈망하라

너희는 하나님으로부터 나서 그리스도 예수 안에 있고 예수는 하나
님으로부터 나와서 우리에게 지혜와 의로움과 거룩함과 구원함이
되셨으니. 고린도전서 1:30.

이제 우리는 하늘에 닿는 사닥다리의 꼭대기, 예수 그리스도와 그
안에 있는 생명이 이끄는 복된 결말에 다다랐다. 구원이라는 말은
죄의 형벌에서 해방되었다는 뜻으로 종종 사용되지만, 여기서는 구
원자의 사역이 완성될 때 우리가 몸의 부활에 이르기까지 죄의 모
든 결과로부터 완전하고 최종적으로 해방되었음을 의미한다(롬
8:21-23, 엡 1:14, 4:30 참고). 그 말은 미래에 우리가 희망할 수 있

는 가장 고귀한 영광을 가리키며, 또한 그리스도 안에서 현재 누릴 수 있는 가장 값진 축복을 말한다.

우리는 하나님이 사랑으로 예비하신 구원의 본질이나 조건과 함께 하나님과 그의 사랑을 나타내신 그리스도께서 어떻게 선지자로서 우리의 지혜가 되셨는지를 보았다. 제사장으로서 예수님은 우리의 의로움이시며, 우리를 하나님과의 바른 관계로 다시 세우시고, 그 사랑과 교제로 우리에게 평안함을 주신다. 왕으로서 주님은 우리의 거룩함이시며 우리를 하나님 아버지의 거룩한 뜻에 순종하게 이끄신다. 이러한 세 가지의 역할이 하나님의 한 가지 목적을 이루어갈 때 그 위대한 과업이 성취될 것인데, 그것은 바로 죄악과 죄악이 만들어내는 모든 결과로부터의 완전한 해방이며, 속죄함을 받은 인간이 그 전에 잃어버렸던 모든 것을 되찾는 것이다.

그리스도는 하나님으로부터 나서 우리에게 구원이 되셨다. 이 말씀은 우리로 하여금 이 땅 위에 사실 때 말씀과 모범으로 우리를 가르치시고, 죽음으로 우리를 하나님과 하나 되게 하시며, 다시 사셔서 면류관을 받기 위해 일어나신 승리의 왕 예수님을 바라보게 한다. 그뿐만 아니라 하나님의 우편에 앉으셔서 세상이 창조되기 전에 아버지와 함께 가지셨던 그 영광을 다시 취하시고, 우리를 위해 그 영광을 붙들고 계신 예수 그리스도를 바라보게 한다.

인간의 몸을 입고 감내하셔야 했던 죄의 모든 결과로부터 해방되신 주님의 몸은 지금 하나님의 영광을 함께 나누고 계신다. 인자로서 그분은 보좌에 앉으사 하나님 아버지의 품에 거하신다. 우리의 죄로 인해 그분이 받으셔야 했던 고통으로부터 영원히 완전하게 해방되었다. 완전한 구원이 그분의 육신을 통해 구체화되었다. 인간으로서의 그리스도와 하늘 보좌의 그리스도는 완전한 구속이시다. 그분은 하나님으로부터 나서 우리에게 구원이 되신다.

우리는 구원의 주님 안에 있다. 그리고 우리의 구원이신 주님 안에 더 이성적이면서도 믿음으로 거하면 거할수록 이 땅에서도 '내세의 능력'을 많이 경험하게 된다. 주님과 우리의 교제가 더욱 친밀하고 강렬할수록, 성령이 하늘의 영광 가운데 그분을 드러내시게 할 때 어떻게 우리 안에 있는 생명이 하늘 보좌 위에 좌정해 계신 유일하신 하나님의 생명이 되는지 더욱 깨닫게 된다. 우리는 영원한 생명의 능력이 우리 안에서 일하는 것을 느끼고 영원한 생명을 맛본다. 우리는 영원한 영광을 미리 체험하는 것이다.

구원자이신 그리스도 안에 거하는 것으로부터 흘러나오는 축복은 위대하다. 우리의 영혼은 죽음에 대한 모든 두려움으로부터 해방되었다. 구원의 주님도 그 죽음을 두려워하신 순간이 있었다. 그러나 지금은 더 이상 그렇지 않다. 주님은 사망을 이기셨다. 그러므로 그분의 육체도 영광 가운데로 들어갔다. 완전한 구원자이신 그리스도 안에 거하는 믿는 자는 지금도 죽음을 넘어선 영적인 승리를 깨닫고 있다.

죽음은 믿는 자에게 영광의 새로운 옷이 입혀지기 전에 옛 육체의 마지막 누더기를 벗기는 종이 된다. 그 종은 옛 육체를 무덤으로 데려가 썩어질 씨앗처럼 거기에 눕히고 새로운 몸이 영광스러운 영의 형체로 일어나게 한다. 몸의 부활은 더 이상 무익한 교리가 아니라 지금 이미 체험하고 있는 생생한 기대이다. 왜냐하면 그리스도를 죽은 자 가운데서 살리신 하나님의 영이 우리의 죽을 몸도 살리실 것이라는 약속을 가지고 우리의 몸속에 거하시기 때문이다(롬 8:11-23). 이 믿음은 우리의 연약한 몸이 주님의 영광스러운 몸으로 입혀지고 변화되는 때를 위한 준비로써 죄악된 육체가 성령의 역사에 기꺼이 완전하게 굴복할 때 그 거룩하게 하는 영향력을 행사한다.

육체에 표출된 그리스도의 완전한 구속은 쉽게 설명할 수 없는 심오한 의미를 가지고 있다. 인간은 그 영혼과 육체의 전 존재가 하나님의 형상과 모습을 따라 만들어졌다. 하나님은 천사들을 물리적인 몸이 없는 영으로 창조하셨다. 세상을 창조하실 때는 영이 없는 물질만 주셨다. 그러나 인간은 하나님의 작품 중에 가장 고귀한 존재로 창조되었다. 물질과 영이 완전한 조화를 이루고 있는 하나의 존재이며 하나님과 그의 피조물 사이에서 가장 완전한 결합이다. 그런데 죄가 들어와서 하나님의 계획을 훼방하려고 했다.

물질이 영을 능가하는 무서운 주권을 획득하였다. 그리고 말씀이 육신이 되어서 하나님의 완전함이 그리스도의 인성 안에 구체화되어 온전하고 완벽한 구원이 이루어졌다. 그리고 지금 하나님의 자녀들은 함께 탄식하고 고통을 겪고 있지만 장차 타락의 속박으로부터 해방되어 영광스러운 자유를 누리게 될 것이다. 지체와 머리를 포함한 온전한 본성이 영적인 생명의 능력으로 변화되어 영원한 성령의 영광을 보여주는 투명한 창으로 변화될 때 비로소 하나님의 목적이 성취되고 그리스도의 영광이 완전히 드러날 것이다. 그때 우리는 "예수 그리스도는 우리에게 온전한 구원이 되신다"는 말씀의 의미를 깨달을 것이다.

"너희는 하나님으로부터 나서 그리스도 예수 안에 있고." 그동안 우리는 이 말씀을 배워 믿을 수 있게 되었다. 이 말씀은 미래에 이루어질 일에 대한 계시의 의미가 아니다. 그리스도인으로서 삶의 성숙을 위해 우리가 지금 그리스도 안에 거하여 그렇게 살아야 하는 것이다. 우리가 사망에 대한 승리를 깨달을 때 그렇게 할 수 있다. 그리스도를 우리의 주로 바라보고, 우리의 몸이 온전히 성화되기를 구하며, 믿음으로 이루어지는 일을 믿으면(막 16:17-18) 우리를 괴롭히는 죄의 무서운 통치에 대항해서 승리할 수 있다.

우리가 모든 본성을 그리스도의 나라의 일부로 보고, 그것이 불의 세례를 통과하여 그의 구원에 참여하도록 예정된 것인 줄로 여길 때 그렇게 할 수 있다. 장차 도래할 하나님 나라의 능력이 우리를 소유하고 천국의 삶으로 우리를 올리도록 우리의 가슴과 우리의 시각을 넓혀서 인간의 생각으로는 절대 상상할 수 없는 그곳을 바라보자.

성도여, 당신의 구원이신 그리스도 안에 거하라. 이것을 그리스도인으로서 삶의 면류관으로 삼으라. 당신의 지혜와 의로움과 거룩함이신 그리스도 안에서 신실하지 않았다면 다른 무엇도 당신을 구원이신 그리스도 안에 거하기에 합당하게 할 수 없을 것이다. 주님의 다른 모습 가운데 그리스도에 대한 지식과는 별개로 구원의 주님만을 우선하여 구하지 말라. 다만 주님의 모든 모습이 당신을 인도하도록 진심으로 그것을 구하라. 당신의 구원이신 그리스도 안에 거하라. 그리스도인으로 살아온 이전 단계에서 신실함이 당신을 이에 합당하게 만든다. 당신의 지혜이신 그리스도 안에 거하라. 이는 하나님이 당신에게 주신 모든 것 가운데 완벽한 계시이다.

당신이 내면과 외면의 삶에서 날마다 그분의 가르침을 유순히 따르면 많은 제자에게 감추어졌던 비밀을 깨달을 수 있을 것이다. 그 지혜는 당신을 완전한 구원의 신비로 이끌 것이다. 당신의 의로움이신 그리스도 안에 거하라. 그리고 하나님의 의로우심으로 허락하신 아버지의 사랑과 임재의 지성소에서 당신의 의로움이신 그리스도로 옷 입으라. 주님과 화목하고 기뻐하면 그것이 어떻게 모든 것을 포함하는지, 그리고 어떻게 만물도 온전한 구원을 기대하는지 깨달을 것이다.

"모든 충만으로 예수 안에 거하게 하시고 그의 십자가의 피로 화평을 이루사 만물 곧 땅에 있는 것들이나 하늘에 있는 것들이 그로 말미암아 자기와 화목하게 되기를 기뻐하심이라"(골 1:19-20).

당신의 거룩함이신 그리스도 안에 거하라. 영과 혼과 몸을 거룩하게 하시는 그분의 능력을 체험하면 당신의 구원되시는 그분 안에 거하면 이 땅에서도 미래의 영광의 상속자로 살아갈 수 있다. 당신 스스로도 하나님의 고귀한 부르심에 합당하게 살도록 맞추어질 것이다.

십자가에 못 박히신
예수님과 함께하라

내가 그리스도와 함께 십자가에 못 박혔나니 그런즉 이제는 내가
사는 것이 아니요 오직 내 안에 그리스도께서 사시는 것이라. 갈라
디아서 2:20. 우리가 그의 죽으심과 같은 모양으로 연합한 자가 되
었으면. 로마서 6:5.

"내가 그리스도와 함께 십자가에 못 박혔나니." 사도 바울은 자신
이 그리스도의 고난과 죽음에 동참하였고, 그 죽음으로 말미암아
모든 권능과 축복을 온전히 받을 수 있음을 이렇게 표현했다. 그리
고 자신이 말했던 바를 진정으로 행하였으며, 이제는 실로 죽었음
을 부연하여 말한다. "이제는 내가 사는 것이 아니요 오직 내 안에

그리스도께서 사시는 것이라."

　예수님의 죽음에 연합함은 얼마나 큰 축복인가! 예수님의 죽음을 실제로 나의 죽음으로, 그분의 하나님께 대한 온전한 순종과 죄에 대한 승리와 죄의 권능으로부터의 완전한 해방을 나의 것으로 볼 수 있는 것, 그리고 그 죽음은 믿음에 의해 날마다 육체의 것을 멸하고 전 생애를 예수님의 부활의 생명에 완전히 합하도록 새롭게 하시는 하나님의 능력임을 깨닫는 것, 십자가에 못 박히신 예수님 안에 거하는 것은 본성의 죽음으로 말미암아 새로운 생명이 성장하는 비밀이다. "우리가 그의 죽으심과 같은 모양으로 연합한 자가 되었으면." 이 말씀을 깨닫기 바란다. 이 말씀은 십자가에 죽으신 분 안에 거하는 삶의 모습에 대해 가르쳐줄 것이다.

　자라나는 줄기에 가지를 접붙일 때 그것이 온전히 연합되게 하려면 단단히 고정시켜야 한다. 줄기가 잘려져 상처가 난 바로 그 부분에 가지를 접붙여야 나무가 새로운 가지를 받아들일 수 있다. 새로운 가지를 받아들이기 위해 그 나무의 속 생명이 벗겨지는 상처가 없는 접붙임은 존재하지 않는다. 상처를 통해서만 수액을 빨아들여서 성장하고 더 튼튼한 줄기로서 살아갈 수 있다. 예수님과 죄인의 관계도 그렇다. 우리가 예수님의 죽음에 접붙임 받았을 때 그의 부활을 옷 입고 그분 안에 있는 생명과 능력을 공유할 수 있다.

　십자가의 죽음으로 그리스도는 상처를 받았으며, 그분의 벗겨진 상처로 인해 우리가 접붙임 받을 공간이 마련되었다. 접붙이는 가지에게 말할 수 있다면 아마도 "상처 난 줄기에 접붙여야만 그것이 지금 너를 품을 수 있다"고 말할 것이다. 믿음의 사람에게 접붙임을 받는 가지가 주는 메시지는 이와 같다. "예수님의 상처 입은 그곳에 거하라. 그곳은 예수님과의 연합과 생명과 성장이 있는 공간이다. 거기서 당신은 어떻게 그의 가슴이 당신을 받아들이기 위해 갈라졌는지 알게 될 것이다. 또한 어떻게 그의 육체가 찢어져서 당신이 주님과 연합되는 길을 열었는지, 그리고 어떻게 그분의 거룩한 성품으로부터 나오는 모든 축복에 근접하게 되었는지 알게 될 것이다."

당신은 또한 접붙여지는 가지가 상처 입은 가지와 연합되기 위해 본성으로 자라던 곳에서 어떻게 떼어지는지 깨닫게 되었다. 더욱이 믿는 자는 그리스도의 죽음에 합당하게 되기 위해 그분과 함께 십자가에 못 박히고 그분과 함께 죽어야 한다. 상처 입은 줄기와 상처 입은 가지는 서로 맞추기 위해, 서로 같은 모습이 되기 위해 잘려진다.

그리스도의 고난과 당신의 고난 사이에는 공통점이 존재한다. 그분의 경험은 반드시 당신의 경험이 되어야 한다. 십자가를 선택하고 감내하신 주님이 나타내신 뜻이 당신의 뜻이 되어야만 한다. 그분처럼 당신은 죄에 대한 거룩하신 하나님의 심판과 저주를 완전히 수긍하게 될 것이다. 그러므로 새로운 생명이 전해지기 위해 죽음에 이르는 죄와 저주로 억눌린 당신의 생명을 내놓아야 한다. 예수님과 같이 겟세마네와 갈보리의 자기희생을 통해서만이 부활의 생명의 기쁨과 열매를 경험하게 될 것이다. 그 상처 입은 줄기와 가지가 닮으면 닮을수록 그들의 상처는 서로에게 더욱 어울리고, 그 연합과 성장은 더욱 분명하고 쉽고 완전하게 될 것이다.

우리가 거해야 할 곳은 십자가에 못 박히신 예수님 안이다. 우리는 하나님에 대한 죄의 보상으로서만이 아니라 사탄에 대한 승리로서의 십자가를 바라보아야 한다. 죄를 범함에서 자유를 얻는 것뿐 아니라 죄의 권세에서 해방되는 것으로 십자가를 보아야 한다. 우리를 가장 친근한 연합과 교제로 이끌기 위해, 죄에 대한 죽음의 완전한 능력과 승리의 새로운 삶을 주시기 위한 통로가 되신 십자가 위의 주님을 온전히 나의 것으로 바라보아야 한다. 우리는 주님의 죽음과 그 죽음을 가능하게 하신 성령께 영원히 더 가까이 가서 교제하고 연합하기 위해 많은 기도와 강렬한 열망으로 자신을 주저 없이 그분께 드려야 한다.

십자가가 왜 연합의 장소가 되는지 깨닫기 바란다. 십자가 위에서 하나님의 독생자께서 인간과의 완벽한 연합으로 들어가셨다. 그분은 사람의 아들이 되어 죄의 저주 아래 있는 인간과 교제하셨다. 생명의 왕은 죽음으로만 죽음의 권세를 이길 수 있었다. 즉 주님이 우리를 그 승리의 참여자로 만들 수 있는 것은 죽음 안에서만 가능하다. 주님이 나누어주신 생명은 죽음에서부터 오는 생명이다. 그러므로 생명의 권능에 대한 각각의 새로운 경험은 그 죽음에 참여함에 달려 있다. 그 죽음과 생명은 서로 분리될 수 없는 것이다. 구세주이신 예수께서 주시는 모든 은혜는 십자가에 못 박히신 예수님과의 교제의 길을 통해서만 주어지는 것이다.

그리스도는 오셔서 나의 자리를 취하셨다. 그러므로 나는 그분의 자리에 가서 거기서 거해야만 한다. 그곳은 그분의 것이기도 하고 나의 것이기도 한 유일한 장소이다. 그 장소는 바로 십자가이다. 그분의 자유의지 덕분에, 그리고 죄의 저주를 받은 나의 자유의지로 인해 주님은 나를 구하기 위해 십자가에 오셨다. 그래서 나는 그곳에서만 그분을 만날 수 있다. 거기서 그분이 나를 발견하였을 때 그곳은 저주의 장소였다. 그리고 그 저주를 주님이 담당하셨다. "나무에 달린 자마다 저주 아래에 있는 자라"(갈 3:13). 예수님은 그 장소를 축복의 자리로 만드셨다. 그리스도께서 저주받은 자가 되사 우리를 죄의 저주로부터 해방시키셨기 때문에 그 축복을 내가 경험했다.

그리스도께서 나의 자리로 오실 때도 그분은 여전히 하나님의 사랑을 받는 자이지만 나와 교제하시기 위해 나의 저주를 지시고 나의 죽음을 죽으셔야 했다. 내가 그분의 자리에 설 때 그 장소는 항상 나의 것이지만 나는 여전히 본성상 저주받아 죽을 수밖에 없는 사람으로 남아 있다. 그러나 내가 그분과 연합하면 그분의 축복을 누리고 그분의 생명을 받는다. 주님이 나와 하나 되기 위해 내게 오셨을 때 저주의 결과와 소산인 십자가를 피할 수 없었다. 또한 내가 그분과 하나 되기를 구할 때 나 역시 십자가를 피할 수 없다. 십자가 위에서만이 생명과 구원을 발견할 수 있기 때문이다.

내가 받은 저주가 그리스도를 십자가로 이끌었던 것만큼이나 불가피하게 십자가는 그분이 나와 온전히 연합할 수 있는 유일한 장소이며, 그분의 축복이 나를 그분과 연합할 수 있도록 이끄는 유일한 장소이다. 예수님이 스스로 나의 십자가를 지셨듯이 나는 스스로 그분의 십자가를 져야 한다. 나는 예수님과 함께 십자가에 못 박혀야 한다. 내가 날마다 십자가에 못 박히신 예수님 안에 거할 때 그분의 사랑과 생명, 그분의 능력과 구원의 완전함을 맛볼 수 있다.

사랑하는 그리스도인이여! 그리스도의 십자가는 심오한 신비이다. 나는 우리의 죄로 인해 십자가에 못 박히신 예수님을 바라보면서 그 십자가에 동참하지 않는 성도들을 보면 두렵다. 그들은 그리스도께서 자기를 십자가로 초대하신 사실을 알지 못한다. 그러므로 그들은 이 세대의 아들들처럼 일상적인 고통에 신경 쓰는 것이 전부이다. 그들은 그리스도와 함께 십자가에 못 박히는 것이 그분의 순종을 닮아가는 것이라는 생각을 전혀 하지 못한다. 자기 의를 온전히 내려놓는 것, 모든 욕망과 즐거움에 있어 육체를 완전히 부인하는 것, 이 세상과 그것에 속한 모든 사고방식과 행동을 완전히 떠나는 것, 자기의 생명을 내려놓고 미워하는 것, 타인을 위해 자기와 그 이익을 포기하는 것, 이는 그리스도의 십자가를 진 성도의 표시이고, 그는 이렇게 고백해야 한다. "나는 그리스도와 함께 십자가에 못 박혔습니다. 나는 십자가에서 못 박히신 그리스도 안에 거합니다."

당신의 모든 행동에서도 주님을 기쁘시게 하고 그분과 친밀한 교제의 삶을 살겠는가? 성령께서 이 복된 진리로 당신을 인도하시기를 기도하라. 주님의 이 비밀은 그분을 경외하는 자를 위한 것이다. 우리는 베드로가 십자가는 대적하면서도 어떻게 주님을 그리스도요 살아계신 하나님의 아들이라고 고백했는지 알고 있다. 용서하시는 보혈을 믿는 믿음과 새롭게 하는 생명은 십자가 밑에서 그분과 함께 십자가에 못 박혀서 온전히 한 몸을 이루기를 구하는 자가 얻을 수 있는 것이다.

"오, 예수님. 우리의 십자가를 지신 구원자시여! 우리가 주님을 믿을 뿐 아니라 주님 안에 거하고 주님의 십자가를 지게 하소서. 십자가를 용서의 장소로서만이 아니라 우리 생명의 법칙으로 알고 지게 하소서. 주님이 우리의 저주를 대신 지신 장소일 뿐 아니라 우리가 주님과 가장 가까운 교제로 들어갈 수 있고, 주님과 함께 못 박힐 수 있는 십자가를 사랑하게 하소서. 또한 우리가 자신을 온전히 내려놓고 주님을 십자가에 오르게 한 성령의 소유가 되어 십자가만이 가져다줄 수 있는 능력과 축복의 수혜자가 되는 줄 알게 하소서!"

P·A·R·T·3

예수님과 동행하는
은혜를 경험하라

하나님은 우리를
예수 안에 세우신다

우리를 너희와 함께 그리스도 안에서 굳건하게 하시고 우리에게 기름을 부으신 이는 하나님이시니. 고린도후서 1:21.

이 말씀을 통해 사도 바울은 가장 중요하고 복된 진리를 우리에게 가르쳐준다. 우리가 그리스도와 연합되는 게 전능하신 하나님의 일이듯 우리로 하여금 그 안에 거하게 하고 단단히 붙어 있게 하는 것 역시 하나님 아버지의 일임을 알게 한다. "여호와께서 나를 위하여 보상해주시리이다"(시 138:8 상). 이 확신의 표현은 언제나 "주의 손으로 지으신 것을 버리지 마옵소서"(시 138:8 하)라는 기도가 수반되어야 한다.

믿는 자는 그리스도 안에 더 깊고, 더 온전하게 거하기 위해 바라고 기도하는 가운데 그의 믿음을 굳게 지켜야만 한다. "너희 안에서 착한 일을 시작하신 이가 그리스도 예수의 날까지 이루실 줄을 우리는 확신하노라"(빌 1:6). 이 말씀은 그리스도 안에서 뿌리를 박고 든든히 서는 데 큰 도움이 된다. "우리를 너희와 함께 그리스도 안에서 굳건하게 하시는 이는 하나님이시니."

믿음은 바라는 것들의 실상임을 볼 수 있는 사람이 얼마나 많은가! 그런데 그들은 자신의 영적인 삶의 모습이 끊임없이 바뀌는 것으로 인해 한탄한다. 때때로 그들은 열정을 가지고 주님을 구하고 하나님의 은혜를 경험하는 축복을 누리기도 한다. 그러나 얼마나 사소한 일로도 그들의 평안함에 금이 가고 영혼에 짙은 먹구름이 끼는가! 그런 후에 그들의 믿음이 얼마나 흔들리는가! 바로 서기 위한 모든 노력은 무익한 듯 보이기도 한다. 엄숙한 결단도, 근신하거나 기도하는 것도 그들이 한동안 맛보았던 평안을 회복할 수는 없다.

우리를 그리스도 예수 안에 다시 세울 수 있는 분은 오직 하나님뿐이기에 자신의 노력이 실패의 원인이라는 사실을 이해할 수 있을까? 칭의가 하나님의 일이듯 우리는 자신을 다시 세우는 일을 중단하고 하나님이 그리스도 안에 있는 생명을 주시겠다는 약속을 믿음으로 받아들여야 한다. 이제 성화의 문제에서도 우리에게 가장 필요한 것은 그리스도와의 관계를 더욱 굳건히 하겠다는 노력을 멈추고, 오직 하나님이 그 일을 하시도록 내맡기는 것이다. "너희를 불러 그의 아들 예수 그리스도 우리 주와 더불어 교제하게 하시는 하나님은 미쁘시도다"(고전 1:9). 그들에게 필요한 것은 그리스도 안에서 날마다 세워지는 것이 하나님의 일이며, 하나님은 우리의 약함과 불충에도 불구하고 우리가 믿기만 하면 그렇게 행하기를 기뻐하신다는 사실을 단순히 믿는 것뿐이다.

그러한 믿음의 복과 그것이 가져오는 경험을 많은 사람이 증언할 수 있다. 우리라는 가지를 돌보시며, 그것이 더욱 튼튼하게 잘 자라는지, 포도나무에 잘 붙어 완전히 연합되었는지를 돌보는 농부가 있어 모든 장애와 위험을 돌아보고, 모든 필요를 채우신다는 사실은 얼마나 큰 평안과 안식을 주는가! 우리는 우리를 주님 안에 거하도록 돌보시는 하나님을 의지하여 이와 관련된 어떤 소원이나 생각도 다 내려놓고, 오직 하나님이 우리 안에서 행하시는 일을 나타내려 하는 단순한 믿음만을 가져야 한다. 이 믿음은 우리에게 큰 평안과 안식을 준다.

그리스도 안에서 세움을 입는 것은 하나님의 일이다. 하나님이 우리로 하여금 기대하고 지켜보고 행동하게 하신다. 그러나 이것은 오직 우리가 스스로 행하려 함으로써 하나님의 일을 방해하지 않을 때 하나님이 권능으로 행하실 수 있다. 우리는 믿음으로 하나님을 영화롭게 하도록 예수님께 의존하며 예수님이 일하시도록 마음을 열어야 한다. 이 믿음은 우리의 영혼을 책임감과 염려로부터 얼마나 자유롭게 하는가! 우리는 보통 세상의 복잡한 일에 매달리고 분주한 가운데 죄의 교묘하고도 끊임없는 유혹과 모든 일상의 걱정과 시험으로 쉽게 넘어지고 실패한다. 그러므로 항상 그리스도 안에 거하는 굳건한 그리스도인이 되는 것은 얼마나 복된 일인가! 우리가 그 경지에 도달할 수 있음을 확고하게 믿는 것 또한 얼마나 복된 일인가!

사랑하는 그리스도인이여, 그 축복은 실로 당신이 누릴 수 있는 것이다. 우리를 그리스도 안에서 굳건하게 하시는 이는 하나님이시다. 이 한 가지 사실을 굳게 붙들기 바란다. 이 약속을 믿으면 평안함이 있을 뿐 아니라 그것이 당신의 소망을 얻는 수단이 된다. 성경에서 하나님이 그의 백성을 인도하는 과정에서 믿음은 언제나 하나님의 능력을 표명하는 수단이었다. 믿음은 모든 인간적인 노력과 다른 것을 의지함으로써 수명이 다한다. 믿음은 자신을 하나님의 약속에 무력하게 내려놓고 이루어지기를 구함으로써 강해진다. 믿음은 조용히 자신을 하나님의 손에 올려놓고 그분이 일하시게 하는 것이다. 지금 당신과 내게 필요한 것은 이 진리가 그 모든 신령한 빛과 함께 우리 앞에 설 때까지 기다리는 것이다. 전능하신 하나님, 신실하신 하나님, 은혜의 하나님이 우리를 예수 그리스도 안에 세우실 것이다.

말씀이 가르치는 것을 들으라. "여호와께서 네게 맹세하신 대로 너를 세워 자기의 성민이 되게 하시리니"(신 28:9). "당신의 하나님이 이스라엘을 사랑하사 영원히 견고하게 하시려고"(대하 9:8). "너희 마음을 굳건하게 하시고 우리 주 예수께서 그의 모든 성도와 함께 강림하실 때에 하나님 우리 아버지 앞에서 거룩함에 흠이 없게 하시기를 원하노라"(살전 3:13). "주는 미쁘사 너희를 굳건하게 하시고 악한 자에게서 지키시리라"(살후 3:3). "모든 은혜의 하나님 곧 그리스도 안에서 너희를 부르사 자기의 영원한 영광에 들어가게 하신 이가 잠깐 고난을 당한 너희를 친히 온전하게 하시며 굳건하게 하시며 강하게 하시며 터를 견고하게 하시리라"(벧전 5:10).

당신은 이 말씀들을 받아서 지금까지의 영적인 삶이 아무리 변덕스러웠고 타고난 성품이나 환경이 좋지 않았더라도 그리스도 예수 안에 굳게 세워져서 굳건한 그리스도인이 될 수 있다고 믿겠는가? 선생님의 말을 그대로 듣는 어린아이들처럼 이 하나님의 진리의 말씀을 들으면 확신이 들 것이다. 내가 그리스도 안에 있음이 분명하듯 그 안에서 날마다 세워질 것이다. 이 가르침은 매우 단순하게 보인다. 그러나 우리 가운데 대부분은 그것을 깨닫기까지 많은 시간이 걸린다. 그 주요한 이유는 그 약속이 가져오는 은혜가 너무도 크고 신령해서 우리의 모든 생각을 넘어서므로 정말로 그러한지 받아들이기 힘들기 때문이다. 그것이 가져오는 것을 깨닫고 경험한 그리스도인은 영적인 생활의 놀라운 변화의 증인이 될 수 있다.

지금까지 자신의 안정에 스스로 책임을 가졌던 사람이 지금은 그것을 책임질 하나님을 모시고 있다. 그는 이제 자기가 하나님의 학교에 있음을 안다. 하나님은 한없는 지혜로써 그의 제자들을 위한 모든 수업과정을 계획하고 계시며, 자기가 전하고자 하는 수업에 학생들이 매일 참여하기를 원하신다. 학생의 모든 질문은 자기가 하나님의 손 안에 지속적으로 거하고 있음을 확인하고, 하나님의 인도하심을 따르며 뒤처지지도 앞서나가지도 않는 것이다. 뜻하고 행하는 것은 하나님의 일임을 기억하는 사람은 자신을 온전히 하나님의 일하심에 내드리는 것만이 안전하다는 사실을 안다.

아버지께서 지혜롭고 빈틈없이 각각의 나무가 잘 자라는지 지켜보시기에 그는 모든 내적인 삶과 성장에 대한 염려를 내려놓는다. 그리고 하나님을 전적으로 자신의 소망으로 여기는 모든 사람에게 가장 복된 능력의 삶이 있다. 그리스도인이여, 당신은 그러한 믿음의 삶이 가장 복된 것임을 인정하지 않을 수 없다. 아마도 당신은 진심으로 이 삶의 방법에 동의했던 때가 있었으며 아버지께 당신의 내적인 삶을 온전히 내드렸다고 말할지 모른다. 그러나 웬일인지 그것이 지속되지 않는다. 당신은 다시 그것을 잊어버린다. 그리고 매일 아침을 열며 당신의 영적인 삶의 모든 필요와 보살핌을 아버지께 기쁘게 전가시키는 대신에 다시 걱정하고 부담스러워하고 무력해진다.

그 이유가 당신의 온전한 순복을 새롭게 하는 일을 매일 기억하기 위해 하나님께 의탁하지 않았기 때문이 아닌가? 기억이라는 것은 우리의 몸에서 최고의 능력 가운데 하나이다. 기억으로 하루가 또 다른 하루에 연결되고 살아온 모든 날을 통해 삶의 연관성이 만들어진다. 그리고 우리는 여전히 우리 자신임을 알게 된다. 영적인 삶에서 회상은 무한한 가치가 있는 일이다. 우리의 기억을 거룩하게 하기 위해, 영적인 삶의 유익을 위해 하나님은 가장 훌륭하게 제공하셨다.

성령은 생각나게 하는 영이시다. 우리 주 예수님이 말씀하셨다. "보혜사 곧 아버지께서 내 이름으로 보내실 성령 그가 너희에게 모든 것을 가르치고 내가 너희에게 말한 모든 것을 생각나게 하리라" (요 14:26). "우리를 너희와 함께 그리스도 안에서 굳건하게 하시고 우리에게 기름을 부으신 이는 하나님이시니 그가 또한 우리에게 인치시고 보증으로 우리 마음에 성령을 주셨느니라"(고후 1:21-22). 생각나게 하는 성령이 오신 것은 우리를 그리스도 안에서 굳건히 하시기 위함이다. 하나님의 축복의 약속과 그것을 받아들이는 당신의 중단 없는 믿음의 행동으로 성령은 날마다 당신에게 그 약속들을 기억나게 할 것이다. 성령은 새 사람의 기억이시다.

이를 다음의 약속에 적용해보자. "우리를 그리스도 안에서 굳건히 세우신 이는 하나님이시라." 당신이 지금 영적인 성장과 당신을 포도나무에 굳건히 심으시는 하나님께 친밀히 다가가고자 하는 모든 걱정을 내던지고, 하나님만이 그 일을 책임지신다는 사실을 앎으로써 기뻐하는 가운데 이 축복을 생각나게 하시는 성령을 신뢰하라. 성령은 그 일을 하실 것이다. 그리고 아침이 밝을 때마다 당신의 믿음은 더 굳건해지고 밝게 성장할 것이다. 나는 매일 그리스도와 더 견고하게 연합되는 것을 알려주시는 하나님을 소유하고 있다.

사랑하는 믿음의 동역자들이여, 지금 "모든 은혜의 하나님 곧 그리스도 안에서 너희를 부르사 자기의 영원한 영광에 들어가게 하신 이가 잠깐 고난을 당한 너희를 친히 온전하게 하시며 굳건하게 하시며 강하게 하시며 터를 견고하게 하시리라"(벧전 5:10). 무엇을 더 소망할 수 있는가? 이것만을 믿음으로 기대하고 열렬히 간구하라. 그 일을 행하시는 하나님을 의지하라. 그리고 새로운 경험마다 더 깊고 더 달콤하게 만들 곡조들을 믿음으로 찬송하라. "너희를 굳건히 세우신 하나님께 영원히 영광을 돌리라. 아멘."

항상 예수님과 교제하는
특권을 누리라

그날에 너희는 아름다운 포도원을 두고 노래를 부를지어다. 나 여호와는 포도원지기가 됨이여 때때로 물을 주며 밤낮으로 간수하여 아무든지 이를 해치지 못하게 하리로다. 이사야 27:2-3.

포도원은 이스라엘 백성들의 상징이었으며, 그 한가운데는 참 포도나무 한 그루가 서 있었다. 그 가지는 포도나무에 붙어 있는 믿는 자들 개개인의 상징이다. 포도원의 노래는 또한 포도나무와 그 모든 가지에 대한 노래이다. 지금도 주님은 포도원의 노래를 부르라고 포도원 지기들에게 명령하고 계신다. 그들이 이에 순종하면 마음이 연약한 모든 성도가 함께 이 노래에 동참하여 즐거이 부르게 될 것이다. "나 여호와는 포도원지기가 됨이여 때때로 물을 주며 밤낮으로 간수하여 아무든지 이를 해치지 못하게 하리로다."

"성도가 그리스도 안에 항상 거하는 것이 가능한가?"라는 질문에 하나님은 어떤 대답을 하실까? 하나님의 아들과 끊임없이 교제하는 삶이 이 땅에서 실로 있을 법한 일인가? 그리스도 안에 거하는 것이 우리의 책임이라면 사실상 불가능하다. 그러나 사람에게 불가능한 일이 하나님께는 가능하다. 주께서 항상 우리의 영혼을 친히 밤낮으로 지켜주시고 물을 주시면, 하나님이 말씀하고 뜻하신 바를 반드시 이루실 것을 믿는 사람들과의 중단되지 않는 연합은 가능하다. 그러면 가지가 밤낮으로, 여름이고 겨울이고 절대 끊어지지 않는 생명의 연합으로 나무에 붙어 있는 것, 즉 당신이 주 안에 거하는 삶은 분명하고 확실한 약속이 된다.

어떤 의미에서 모든 그리스도인은 항상 예수님 안에 거하는 것이 사실이다. 이것 없이는 참된 생명이 있을 수 없기 때문이다. "사람이 내 안에 거하지 아니하면 가지처럼 밖에 버려져 마르나니"(요 15:6). 그러나 예수님이 "그가 내 안에 내가 그 안에 거하면 사람이 열매를 많이 맺나니"(요 15:5)라고 약속하시면서 "내 안에 거하라"(요 15:4)고 명령하실 때 주님은 그 의지와 생각과 전심을 다해서 그 명령을 받아들일 것과 그분 안에 거하는 것이 우리가 선택하고 구해야 할 유일한 삶이라는 데 동의하라고 말씀하신 것이다.

그러나 항상 기꺼이, 그리고 의식적으로 예수님 안에 거하는 우리의 권리를 대적하여 나타나는 장애물은 두 가지가 있다. 그 첫 번째 장애물은 인간의 본성에서 파생된다. 우리의 제한된 능력으로 인해 사람이 동시에 두 가지에 몰입될 수 없다고들 한다. 하나님의 섭리는 많은 그리스도인이 일터에서 자기가 해야 할 일을 하는 것을 가장 우선으로 두게 하신다. 그렇다면 자기가 해야 할 일에 마음이 뺏긴 사람들이 동시에 그리스도로 충만하고 그분과 교제할 수 있을까? 의식적으로 그리스도 안에 거하는 것은 어떤 긴장과 신령한 생각으로 가득해야 하고, 그 축복을 즐기기 위해서는 모든 일상의 본업을 내려놓아야 한다고 생각한다. 이것은 처음 수도사들이 사람 없는 황량한 곳으로 간 것과 같은 실수이다.

하나님께 감사하라. 이 세상 밖으로 나갈 필요는 없다. 예수님 안에 거하는 것은 모든 순간에 마음을 다 빼앗기거나 직접적이고도 능동적으로 감정을 쏟아 부어야 하는 일이 아니다. 우리가 다른 일에 열중할 때도 영원한 사랑의 하나님은 우리 가까이에 거하시고, 그 거룩한 눈으로 우리를 돌보시며, 모든 악을 물리치신다. 그래서 우리는 스스로 지킬 수 없을 때도 하나님이 지켜주고 있음을 의식하며 안식과 평안과 기쁨을 누리게 되는 것이다.

일상적인 생활에서 모든 신경을 집중하여 일을 하는 가운데서도 절대적인 사랑의 하나님이 우리의 영혼에 자리 잡고 지켜주시는 모습을 충분히 찾을 수 있다. 한 가정의 아버지를 생각해보라. 그는 집에서 떨어져 있어도 사랑하는 가족들이 원하는 것을 들어주고 지킬 수 있다. 그는 아내와 자녀들을 사랑하고 그들에게 돌아가기를 고대한다. 그가 사랑하는 가족들을 생각하지 않은 채 일에 몰두하더라도, 그때도 그의 사랑은 가족을 생각하고 있을 때만큼이나 깊고 진실하다. 더욱이 그의 사랑과 가족을 행복하게 하고픈 소망은 그가 자기의 일을 열심히 하게끔 만드는 비밀스러운 기쁨이다.

한 나라의 왕은 그가 일을 하든 휴식을 취하든, 기쁘든 화가 나든 간에 자신이 왕임을 의식하며 행동한다. 사랑스러운 아내이자 엄마는 남편과 자녀들에 대한 생각을 결코 한순간도 잊지 않는다. 그녀가 하는 모든 일에는 가족에 대한 관심과 사랑이 떠나지 않는다. 마찬가지로 영원한 사랑의 하나님이 우리의 영혼을 소유하고 지키시기에 우리 역시 이 비밀스러운 교제를 잊은 채 한순간도 지낼 수 없다.

우리는 그리스도 안에 있어 그분의 전능하신 능력으로 보살핌을 받는다. 오, 이를 잊는다는 것은 불가능하다. 우리는 그것을 확신할 수 있다. 우리가 그리스도 안에 거하는 것은 사랑의 나눔보다 더한 기쁨이다. 그것은 생명의 나눔이다. 일할 때나 쉴 때나 생명에 대한 의식은 한순간도 우리를 떠나지 않는다. 마찬가지로 우리 안에서 그 존재에 대한 의식을 갖게 하는 영원한 생명의 강한 능력도 절대 우리를 떠나지 않는다. 그러므로 우리의 생명이신 그리스도는 친히 우리 안에 거하시고, 그의 거하심으로 우리가 그분 안에 있다는 의식을 유지하게 하신다.

두 번째 장애물은 우리의 죄성에 기인한다. 그리스도인들은 날마다 죄를 짓는 일을 일종의 절대적으로 불가피한 것으로 보는 데 익숙해져 있어서 어떤 사람도 그리스도 안에 지속적으로 거하는 일은 불가능하다고 여긴다. 그러므로 우리가 종종 믿음에 있지 않고 넘어질 수밖에 없다고 한다. 우리가 부도덕한 본성을 가지고 있을 뿐만 아니라 죄의 근성을 가지고 있기 때문에 그리스도 안에 거하는 것이 우리의 유일하면서도 충분한 구원의 이유가 되는 것이다.

그러나 우리는 거해야 할 장소가 신령한 포도나무요 살아계신 그리스도가 아닌 것처럼, 우리를 굳게 붙드시는 전능하신 능력이 우리의 기대에 못 미치는 것처럼, 주께서 내 안에 거하라고 명령하시면서 우리가 그렇게 행할 수 있는 은혜와 능력은 보장해주지 않으신 것처럼, 무엇보다 우리가 넘어지지 않도록 지켜주시는 농부로서의 하나님이 없는 듯이 살아간다. 오, 우리가 하나님을 이스라엘을 지키시는 자로 본다면 우리는 매 순간 의식적으로 그리스도 안에 거하는 삶이 진정으로 하나님이 그를 사랑하는 자들을 위해 준비하신 것임을 알게 될 것이다. "여호와께서 너를 지켜 모든 환난을 면하게 하시며 또 네 영혼을 지키시리로다"(시 121:7).

사랑하는 형제 그리스도인들이여, 그것만이 당신의 유일한 목표이기를 바란다. 그것을 성취하기가 쉽지 않다는 사실을 잘 안다. 피곤한 싸움과 쓰디쓴 실패의 시간을 적지 않게 경험할 것이다. 그리스도의 교회가 그 바람직한 모습대로 되기를. 오랜 신앙생활을 한 사람들이 갓 회심한 젊은 그리스도인에게 갈렙과 여호수아같이 신실하신 하나님의 증인이 되어 이렇게 격려하기를 바란다. "우리가 능히 이기리라. 그러므로 여호와께서 우리를 기뻐하시면 우리를 그 땅으로 인도하여 들이시고 그 땅을 우리에게 주시리라"(민 13-14장 참조). 그리고 젊은 그리스도인들이 다른 성도들과 교제할 때 건강하고 신뢰할 만하고 즐거운 성화의 경험을 가짐으로써 자연스럽게 그리스도 안에 거하게 되기를 바란다.

그러나 그리스도의 많은 지체는 병든 상태에서 그 축복을 좇아가려고 하다가 그들을 둘러싼 사람들의 생각과 삶을 보고 쉽게 좌절한다. 내가 이 말을 하는 것은 당신을 낙담하게 하려는 것이 아니라 경계하고 자기 자신을 하나님의 말씀에 더 온전히 내드리라고 권고하려는 것이다. 당신에게 절망에 빠질 것 같은 시간이 있을지도 모른다. 그러나 용기를 내라. 당신 가까이에 축복을 두신 분이 틀림없이 그것을 소유하게 하실 것이다.

그 축복을 소유하는 방법은 다양할 수 있다. 몇몇 사람들에게 그것은 한순간의 선물로 주어질 수 있다. 부흥을 경험하면서, 성령이 함께 있어 역사하는 다른 성도들과의 교제를 통해서, 능력 있는 하나님의 종의 인도를 받으면서, 때로는 혼자 고독하게 있는 시간에, 한순간에 새로운 깨달음이 그 성도의 영혼에 임할 때가 있다. 성령의 조명 아래 튼튼한 포도나무가 연약한 가지를 아주 안전하게 붙들고 있는 것을 깨달으면서 의심이 일어난다는 것은 불가능하다. 그리스도 안에 지속적으로 거하는 것은 모든 성도의 몫이다.

믿는 것과 즐거워하는 것과 사랑하는 것은 저절로 온다. 어떤 사람들에게는 그 축복이 더 느리고 어려운 통로를 통해 온다. 그럼에도 낙담과 어려움 가운데 날마다 그 영혼은 앞으로 나아가야 한다. 힘을 내라. 이 길 역시 안식으로 인도한다. 당신이 이 약속의 말씀만 바라고 따르기를 구하라. "나 여호와는 때때로 물을 주며 밤낮으로 간수하리라."

하나님의 입에서 나온 이 말씀을 붙들라. '때때로' 당신은 하나님의 사랑의 법과 당신의 소망의 법을 가지고 있다. 다른 무엇에도 만족하지 말라. 주님 안에 거하는 삶으로 인해서 의무와 염려, 이 땅의 슬픔과 죄가 주님 안에 거하는 교제를 방해하는 데 성공할 것이라는 생각을 버리라. 그 대신 당신의 일상에서 믿음의 언어를 사용하는 법을 깨달으라.

죽음과 죽음에 대한 두려움도, 삶과 삶의 모든 염려도, 지금 나를 억누르는 모든 요구도, 앞으로 다가올 어둠의 그림자나 지고한 기쁨도, 심연의 슬픔도, 다른 어떤 피조물도 우리를 우리 주 예수 그리스도 안에 있는 하나님의 사랑에서 한순간도 끊을 수 없다. 그리스도는 그 사랑으로 우리를 그 안에 거하도록 가르치고 계신다. 모든 것이 어둡게 보이고 믿음이 흔들리면 포도원의 노래를 다시 부르라. "나 여호와는 포도원지기가 됨이여 때때로 물을 주며 밤낮으로 간수하여 아무든지 이를 해치지 못하게 하리로다." 확신을 가지라. 여호와가 밤낮으로 가지를 돌보며 때때로 물을 주신다면 그리스도와 지속적으로 끊임없이 교제하는 것은 우리의 특권이 될 것이 분명하다.

날마다 예수님 안에
- 거함을 기뻐하라

백성이 나가서 일용할 것을 날마다 거둘 것이라. 출애굽기 16:4.
날마다 일용할 것을 거둔다. 이것은 만나를 공급하신 하나님과 그
것을 거두는 인간 사이의 규칙이었다. 그것은 지금도 하나님이 자
녀들을 은혜로 다루시는 법칙이다. 이 약속의 위대함을 분명히 통
찰하고 시행하면 스스로 나약하다고 생각하는 사람이 어떻게 이 땅
의 모든 여정을 밝게 헤쳐 나갈 수 있는지 자신감과 인내를 얻게 된
다. 의심할 여지없이 하나님은 그 목적으로, 그리고 인간의 나약함
으로 낮과 밤의 변화를 은혜롭게 주셨다. 만약 인간에게 주어진 시
간이 매우 길고 끝없는 하루라면 시간은 인간을 압도하고 기진맥진

하게 만들 것이다.

그러나 낮과 밤의 주기는 인간에게 휴식을 주어 지속적으로 몸을 회복시키고 소생시킨다. 날마다 우리는 하루의 수고와 일을 감당한다. 하지만 밤의 휴식은 새로운 아침을 활기차게 시작하게 만든다. 과거의 실수는 저만치 멀어지고 과거의 교훈은 더해진다. 그리고 우리는 날마다 하루하루에 충실할 것이며, 세월과 인생을 그 길이와 무게가 짐이 된다는 의식 없이 저절로 책임질 것이다.

가장 기분 좋은 것은 은혜의 삶을 살다가 이 진리로 말미암아 격려가 된다는 점이다. 이스라엘 민족은 황량한 광야에서의 여정 동안 필요한 만나를 어떻게 모으고 보관할 수 있는가 고민할 필요가 없었다. "일용할 것을 날마다 거둘 것이라"(출 16:4)는 말씀 속에 얼마나 형용할 수 없는 평안이 있는지는 전부 깨달을 수 없을 만큼 크다. 이 말씀은 내일에 대한 모든 염려를 말끔히 걷어낸다. 오늘만 우리의 것이고 내일은 아버지의 것이다.

당신이 세상의 냉대와 유혹과 시험에 맞서야 했던 모든 날에 무엇을 방패로 삼았는가? 언제나 그리스도 안에 거하는 것이 우리에게 필요한 한 가지이다. 당신의 양식이자 힘인 만나는 그날에만 주어진다. 그 선물을 충실하게 받는 것은 미래에 대한 당신의 유일한 보장이다. 오늘 당신이 행해야 하는 일을 받아들이고 즐거이 이루라. 오늘 당신이 하나님의 임재와 은혜를 기뻐할 때 내일을 그분께 맡길 수 있는가의 모든 의심이 물러갈 것이다.

이 진리가 우리에게 가르쳐주는 가치는 얼마나 큰가! 우리는 너무도 쉽게 인생을 하나의 큰 전체로 보고 작은 하루를 지나친다. 하루하루가 전체를 만들고 하루의 가치가 전체에 영향을 준다는 사실을 잊어버린다. 놓쳐버린 하루는 고리의 연결이 끊어짐과 같아서 그것을 되돌리기 위해서는 종종 하루 이상의 시간이 걸린다. 놓쳐버린 하루는 다음 날에 영향을 주어서 그것을 유지하기가 더욱 어렵게 만든다. 그렇다. 놓쳐버린 하루는 수개월, 혹은 수년간의 주의 깊은 수고가 지켜온 것을 잃게 만든다. 많은 그리스도인이 경험으로 이를 확인했을 것이다.

성도여, 당신이 그리스도 안에 거하려면 날마다 그렇게 하라. 당신은 앞서 '때때로'의 교훈을 배웠다. 그리고 '날마다'의 교훈은 더 배울 것이 있다. 때때로 "주 안에 거하라"는 가르침은 당신이 직접적으로 마음을 단련하기보다 자신을 맡기기만 하면 아버지께서 주시는 더욱 심오한 마음의 안식이 있다는 것이었다. 그러나 이것은 당신이 날마다 새롭게 행해야 하는 것이다. 내드림과 신뢰를 때때로 새롭게 해야 하는 것이다. 하나님은 그 때때로의 행함을 모아서 우리가 그 정도를 알 수 있도록 한 묶음으로 묶으신다.

우리가 아침에 앞을 내다보거나 저녁에 뒤를 돌아보고 때때로의 행함을 평가해보면 우리는 그 가치를 어떻게 재어보고 바로 사용해야 할지 알게 된다. 또한 아버지도 매일 새로운 아침에 그날 당신과 당신의 가족들에게 딱 필요한 만큼의 만나를 주시겠다는 약속으로 당신을 만나고, 당신은 하나님이 그의 사랑하시는 아들을 통해 주신 자녀의 자리를 새로이 기쁘고 사랑스럽게 받아들인다. 이것은 하나님이 낮과 밤을 정하신 목적 가운데 하나이다. 하나님이 우리의 약함을 생각하시고 이를 위해 주실 것을 찾으셨다.

날마다 당신이 그리스도 안에 거하라는 소명으로부터 그날의 가치를 찾으라. 한 날의 빛이 당신의 눈을 뜨게 하면 이 말로써 그것을 받아들이라. 하루, 단 하루만, 그러나 하루 동안에는 예수 그리스도 안에 거하고 성장하도록 주어졌다. 그날에 건강하든지 아프든지, 기쁘거나 슬프더라도, 휴식하든지 일하든지, 싸우거나 승리하더라도 아침에는 이러한 감사로써 모든 생각을 사로잡으라. "아버지께서 주신 오늘 하루에 나는 예수 그리스도께 더 가까이 연합할 수 있고, 그렇게 되어야만 합니다."

아버지께서 "내가 너를 그리스도 안에 거하도록 지킨다는 것과 예수가 너로 하여금 풍성한 열매를 맺게 함을 오늘 하루만 믿을 수 있겠느냐?"고 물으신다면 당신은 기쁨으로 이렇게 대답할 수밖에 없을 것이다. "제가 믿으며 두려워하지 않습니다."

하루 동안 일용할 양식은 이스라엘 백성들에게 아침 일찍 주어졌다. 그 양식은 하루 내내 먹고 일용할 것이지만 얻을 수 있는 시간은 아침뿐이었다. 이것은 하루를 예수님 안에 거하며 올바르게 보낼 수 있는 힘이 얼마나 아침에 달려 있는지를 시사한다. "처음 익은 곡식 가루가 거룩한즉 떡덩이도 그러하고"(롬 11:16). 하루 동

안에 여러 가지 일이 쇄도하거나 사람들로 혼잡하여 아버지만이 예수님과의 연결을 끈끈하게 유지시켜 주실 수 있는 때가 있을 수 있다. 아침의 만나로 하루를 먹는다. 그리스도인이 아침에 경건의 시간을 확보해서 은밀히 그의 구주와 친밀한 교제를 분명하고도 효과적으로 갖는다면 온종일 그리스도 안에 거할 수 있을 것이다. 그것은 하루가 끝날 때 얼마나 많은 감사의 이유가 되겠는가!

믿는 자는 아침에 그 새로움과 고요함 속에서 그날을 바라볼 수 있다. 그는 자기의 의무와 시험들을 돌아볼 수 있고, 여느 때와 같이 그것을 자기의 모든 것이 되는 주님에게 내맡기며 그것을 미리 전가한다. 그리스도는 그의 만나이자 양식이며 힘이자 생명이다. 그는 한 날 일용할 몫을 가질 수 있다. 그의 모든 하루 동안의 필요를 그리스도로 삼고, 그날도 축복과 성장의 날이 될 것이라는 확신 가운데 보낸다.

그런 후에 날마다 가르침과 할 일을 마음에 새긴 자는 거의 무의식적으로 '매일 지속적으로'의 비밀을 얻게 된다. 날마다 새로이 그리스도 안에 거하는 것을 믿음으로 붙잡는 일은 중단 없이 영원히 더해가는 성장이다. 충실한 하루는 다음 날을 위한 축복을 가져와서 신뢰와 순종을 더 쉽고 즐겁게 만든다.

그리스도인의 삶도 마찬가지다. 우리가 전심으로 오늘 일을 감당하면 내일도, 매일도 그렇게 된다. 하루하루가 따로, 매일이 지속적으로, 날마다 연속적으로 우리가 그리스도 안에 거하는 것이다.

그리고 그날들은 인생이 된다. 한때 도달하기에 너무 높고 커보였던 것을 날마다 요구되는 의무로서 "매일 정수대로"(스 3:4) 취하여 사용하기에 합당하게 된다. 여기 이생에서도 우리는 이 목소리를 들을 수 있다. "잘하였도다. 착하고 충성된 종아 네가 적은 일에 충성하였으매 내가 많은 것을 네게 맡기리니 네 주인의 즐거움에 참여할지어다"(마 25:21).

우리 일상은 하나님이 날마다 내려주시는 은혜와 우리가 날마다 올려드리는 찬양의 놀라운 교차점이 될 것이다. "날마다 우리 짐을 지시는 주 곧 우리의 구원이신 하나님을 찬송할지로다"(시 68:19). "매일 나의 서원을 이행하리이다"(시 61:8). 우리는 하나님이 날마다 일용할 것을 공급하시는 이유를 알았다. 하나님은 오직 필요한 양을, 그러나 충분히 필요한 양을 가장 확실하게 주신다. 우리가 그분의 방법처럼 날마다 필요한 것을 묻고 구하면 그날 필요한 양을 충분히 확실하게 주신다.

우리는 하루를 태양의 떠오름이나 우리가 하는 어떤 일, 혹은 먹는 음식으로 헤아릴 것이 아니라 날마다 새로이 주시는 만나인 이 세상의 생명이자 빛이신 하나님과의 축복된 교제로 시작할 것이다. 신령한 삶은 이생의 삶과 함께 중단 없이 지속적으로 이어질 것이다. 날마다 그리스도 안에 거하는 것은 그날의 축복을 가져온다. 우리는 그리스도 안에 날마다, 그리고 영원히 거한다. "주여, 이것이 우리 모두의 분깃이 되게 하소서!"

04

At this Moment

지금 즉시 예수님의
------------------------------- 은혜 안에 거하라

보라. 지금은 은혜받을 만한 때요 보라. 지금은 구원의 날이로다.
고린도후서 6:2.

때때로 그리스도 안에 살아가는 것은 한 번 더 언급할 필요가 있으
리만치 중요한 메시지이다. 또한 때때로 한 번씩 살아가는 복된 기
술을 배우기 원하는 사람들에게 이렇게 말하고 싶다. 그것을 배우는
방법은 스스로 지금 현재를 살도록 연습하는 것이다. 매시간 당신의
관심은 예수님에 대한 생각으로 가득해야 하는 데서 자유롭다.

기도의 시간이건 묵상의 시간이건, 아니면 잠시 지나가는 시간이라
도 당신이 가장 먼저 생각해야 할 것은 이것이다. 지금, 바로 이 순

간 나는 실로 예수님 안에 있다. 그 시간을 당신이 온전히 그리스도 안에 거하지 않은 것을 후회하는 데 쓰거나 그렇게 할 수 없을 것이라며 가슴 아픈 두려움으로 보내지 말고, 하나님 아버지께서 당신에게 주신 자리를 다시 한번 새겨보라. "나는 그리스도 안에 있다. 이것은 하나님이 내게 주신 자리다. 나는 그 자리를 받아들인다. 여기서 내가 쉰다. 나는 지금 정말 예수님 안에 거한다." 이것은 우리가 지속적으로 거하는 방법이다.

당신은 아직 날마다 "내가 그리스도 안에 있다"고 말하기에 나약할지 모른다. 그러나 가장 나약한 자라 할지라도 스스로 포도나무의 가지 자리에 있기를 원한다면 이렇게 말할 수 있다. "그렇다. 나는 진정 그리스도 안에 거한다." 그것은 감정의 문제가 아니다. 그것은 그리스도인의 삶의 성장이나 능력의 문제가 아니다. 그것은 지금 현재 자기의 의지로 주 안에 자리 잡기 바라고 인정하고자 하며, 그것을 받아들이느냐의 문제이다. 당신이 그리스도 안에 있고 거기에 머무르기를 원하면 한순간만일지라도 이렇게 고백해야 한다. "고마우신 주님, 제가 지금 주님 안에 있습니다. 주님이 지금 저를 붙들고 계십니다."

'지금'이라는 작은 단어가 믿음의 삶에서 가장 심오한 비밀 가운데 하나라는 것은 여러 사람이 말한 바 있다. 영적생활에 관한 어떤 컨퍼런스를 마칠 때쯤 한 연로한 목회자가 일어나서 말했다. 그는 컨퍼런스를 통해 전에 몰랐던 어떤 진리를 배웠는지는 모르겠지만 그가 알았던 진리를 어떻게 올바르게 사용해야 할지를 배웠다고 말했다. 그러나 그는 주위를 둘러싼 환경이 어떻든지 매 순간 "지금 예수님은 나를 구원하십니다"라고 말하는 것이 자기의 특권임을 깨달았다고 했다. 이것은 진정으로 안식과 승리의 비밀이다.

내가 "바로 이 순간 예수님은 하나님이 나에게 주신 모든 것이며 생명이자 힘이요 평안입니다"라고 말할 수 있다면, 그것을 영원히 붙잡고 안식하며 그 순간부터 내게 필요한 모든 것을 가진 것이다. 내가 어떻게 하나님으로부터 나와서 그리스도 안에 있는지 믿음으로 깨닫고 아버지께서 내게 주신 그 자리에 있다면, 나의 영혼은 평화롭게 정착할 수 있다. 지금 나는 그리스도 안에 있다.

그리스도인이여, 때때로 그리스도 안에 거하는 길을 찾느라고 씨름한다면 그 문은 바로 이것임을 잊지 말라. 지금 현재 그의 안에 거하라. 그리스도 안에 지속적으로 거하려는 노력에 모든 수고를 허비하지 말고 살아계신 사랑의 주께서 홀로 당신을 지키실 수 있으며, 그것을 바라심을 기억하라. 즉시 시작하고 그분 안에서 지금 믿음으로 행하라. 이것만이 다음으로 향하는 길이다. 영원하고 완전하게 그리스도 안에 거함은 미래를 위한 어떤 소유물처럼 한 번에 얻어지는 것이 아니다. 그것은 대부분 단계적으로 온다. 그러므로 현재라는 시간의 믿음을 유지하기 위해 모든 기회를 다 활용하라.

기도의 머리를 숙일 때마다 가장 먼저 간단한 헌신의 행동으로 시작하라. "아버지, 제가 그리스도 안에 있습니다. 지금 제가 그분 안에 거합니다." 반드시 해야 할 일들로 부산한 가운데 당신이 의지적으로 묵상을 할 때마다 가장 먼저 하는 무의식적인 행동이 이 고백이 되게 하라. "나는 그리스도 안에 거합니다. 지금 그분 안에 있습니다."

죄의 짐에 눌리고 마음은 온통 산란하고 불안할 때 가장 먼저 이렇게 고백하며 위를 보라. "아버지여, 제가 죄를 범하였나이다. 비록 부끄러워 고개를 들지 못하지만 그리스도 안에 있는 자로서 아버지께 옵니다. 아버지여, 제가 여기 있나이다. 다른 자리에 갈 수는 없습니다. 저는 하나님으로부터 나서 그리스도 안에 있습니다. 저는 지금 그리스도 안에 있습니다." 그렇다. 그리스도인이여, 모든 환경 속에서, 모든 순간에 하나님은 당신을 부르고 계신다. 내 안에 거하라. 지금 그렇게 하라. 그러면 지금 이 글을 읽는 당신에게도 이 목소리가 들릴 것이다. "오, 지금 오라. 와서 항상 내 안에 있는 축복된 삶을 살라. 지금 그렇게 하라."

다윗의 삶을 살펴보면 이것을 분명히 깨달을 수 있는 아름다운 장면이 있다. 다윗은 유다에서 왕으로 기름 부음을 받았다. 그러나 다른 지파들은 여전히 사울의 아들인 이스보셋을 따랐다. 그때 사울의 군대장관 아브넬은 하나님이 온 나라의 왕으로 삼으신 다윗에게 복종하기 위해 이스라엘 지파들을 이끌기로 결심한다. 그는 이스라엘의 장로들에게 이같이 말했다. "너희가 여러 번 다윗을 너희의 임금으로 세우기를 구하였으니 이제 그대로 하라. 여호와께서 이미 다윗에 대하여 말씀하시기를 내가 내 종 다윗의 손으로 내 백성 이스라엘을 구원하여 블레셋 사람의 손과 모든 대적의 손에서 벗어나게 하리라 하셨음이니라"(삼하 3:17-18). 그리고 그들은 그렇게 해서 처음에는 유다에서만 왕이었던 다윗을 온 이스라엘의 왕으로 두 번째 기름을 부었다. 이는 성도가 그리스도 안에 완전히 거하기 위해 온전히 순복하고 끊임없이 연합하는 방법을 가장 잘 교훈한다.

당신의 내면은 두 나라로 분리되었다. 이스라엘이 분리되었던 것과 같다. 유다는 하나님이 정하신 왕에게 신실하다. 이스라엘은 여전히 자기가 선택한 왕에게 집착한다. 그 결과 나라는 반으로 나뉘고 적을 정복할 힘이 없어졌다. 이것은 나누어진 마음을 보여준다. 예수님이 마음 깊은 곳에서 유다의 거룩한 산의 왕으로 계신다. 그러나 그곳을 둘러싼 지역, 일상의 삶에서는 아직 예수님께 복종하지 않는다. 삶은 여전히 절반 이상이 자기의지의 지배를 받고 있다. 그리하여 내면에는 진정한 평안이 없고 대적을 이길 능력도 없다.

그다음에는 더 나은 상태를 갈망했다. "너희가 여러 번 다윗을 너희의 임금으로 세우기를 구하였으니"(삼하 3:17). 다윗이 블레셋을 물리쳤던 때가 있었다. 그리하여 이스라엘은 그를 믿었지만 곁길로 빠졌다. 아브넬은 다윗이 다스려야 한다는 하나님의 뜻을 그들이 알고 있다는 것을 말한다. 그러므로 처음 그리스도에게로 인도받은 성도는 주께서 모든 것을 다스리기를 원하고 그분만이 왕이 되시기를 소망한다. 그러나 안타깝게도 불신앙과 자기의지가 들어와서 예수님이 그분의 능력을 삶 전체에 발휘하지 못하게 만든다.

그 후에 하나님의 약속이 뒤따른다. 아브넬은 말한다. "여호와께서 이미 다윗에 대하여 말씀하시기를 내가 내 종 다윗의 손으로 내 백성 이스라엘을 구원하여 블레셋 사람의 손과 모든 대적의 손에서 벗어나게 하리라 하셨음이니라." 그는 하나님의 약속에 호소한다. 다윗이 과거에 가장 가까이 있던 적인 블레셋을 물리쳤으므로 그만이 앞으로도 적을 물리칠 것이다. 그가 이스라엘을 모든 대적의 손에서 구할 것이다. 많은 적으로부터 승리를 거두고, 주님과의 중단 없는 교제의 삶을 위해 예수님을 믿기로 한 영혼에게 이 약속은 얼마나 아름다운가!

"여호와께서 말씀하시기를." 이것은 우리의 유일한 희망이다. 그 말씀 위에 확실한 소망이 있다. "주께서 예로부터 거룩한 선지자의 입으로 말씀하신 바와 같이 우리 원수에게서와 우리를 미워하는 모든 자의 손에서 구원하시는 일이라. 우리 조상을 긍휼히 여기시며 그 거룩한 언약을 기억하셨으니 곧 우리 조상 아브라함에게 하신 맹세라. 우리가 원수의 손에서 건지심을 받고 종신토록 주의 앞에서 성결과 의로 두려움이 없이 섬기게 하리라 하셨도다"(눅 1:70-75). 다윗은 온 땅 구석구석까지 다스리고 마음이 일치되고 순종하는 백성들을 승리에서 승리로 이끌었다. 이것은 예수님이 우리를 위해 하시고자 하는 일에 대한 약속이다. 하나님의 약속을 믿는 한 모든 사람이 그분께 굴복하고 전 생애가 그분 안에 거하는 시간의 연속이 된다.

"너희가 여러 번 다윗을 너희의 임금으로 세우기를 구하였으니." 아브넬은 이에 덧붙여 말한다. "이제 그대로 하라." 이제 그대로 하라는 말은 예수님께 전적인 주권을 드리기 원하는 사람 각자에게 주시는 메시지이다. 현재 순간이 어떻든지, 그 메시지를 받은 당신이 얼마나 준비가 덜 되었든지 간에 나는 그리스도께 와서 즉각 순종하라는 요구를 바로 지금 받아들인다. 예수님이 당신 안에서 권능을 행하시고, 당신이 그분의 뜻을 따라서 모든 일을 행하게 하기까지는 시간이 걸릴 것이다.

우리가 원수를 정복하고 모든 힘을 그분을 섬기는 데 쏟는 것은 금방 이루어지지 않는다. 그러나 지금 이 순간에 할 일이 있다. 그 일은 당신의 모든 것을 예수님께 굴복시키는 것이다. 오직 그분 안에서만 온전히 살기 위해 자기를 드리는 것이다. 시간이 흐르면서 믿음이 더 강하게 역사하여 우리의 굴복이 더욱 분명하고 쉬워질 것이다. 그러나 이런 까닭으로 누구도 그저 기다리기만 해서는 안 된다. 그것을 이루는 유일한 방법은 지금 즉시 시작하는 것이다. 이제 그대로 하라. 당신을 지금 이 순간 예수 안에 오직, 온전히, 항상 거하게 하라. 그것이 지금의 일이다. 그렇게 할 때 그리스도께서 지금 당신을 새롭게 해주실 것이다.

예수님이 당신을 소유하고 붙들고 계심을 확신하고, 새롭게 "예수님, 제가 주님 안에 거합니다"라고 하는 모든 순간에 보이지 않는 그분의 직접적이고 애정 어린 응답을 경험하게 될 것이다. 믿음의 어떤 행동이라도 헛되이 돌아오지 않는다. 주님은 새로이 우리를 소유하시고 그분 가까이 인도하신다. 모든 순간에 주님은 속삭이신다. "내 안에 거하라. 지금 그리하라."

누구든지 시작하라. 그러면 그는 현재의 축복이 어떻게 다음 단계로 넘어가는지 금방 알게 될 것이다. 그리스도 안에 계속 거하도록 연결시키는 이는 변함없으신 예수님 그 자신이시다. 그분을 소유하는 것은 신령한 생명의 능력이 끊임없이 지속되는 것이다. 그러므로 지금 시작하라. 비록 그것이 미약한 일 같더라도 천국의 신비이자 영광인 영원히 현재하는 것의 시작이다. 그러므로 그리스도인이여, 그리스도 안에 거하라. 지금 그렇게 하라.

05

Forsaking all for Him

예수님을 위해
------------------------- 모든 것을 포기하라

또한 모든 것을 해로 여김은 내 주 그리스도 예수를 아는 지식이 가
장 고상하기 때문이라. 내가 그를 위하여 모든 것을 잃어버리고 배
설물로 여김은 그리스도를 얻고 그 안에서 발견되려 함이니. 빌립
보서 3:8-9.

생명이 있는 곳에는 어디서든 끊임없이 들어옴과 나감, 받아들임
과 되돌려줌의 순환이 있다. 내가 취하는 영양분은 내가 하는 일을
통해 다시 밖으로 나간다. 내가 받은 인상은 생각과 감정으로 다시
표현된다. 한 가지는 다른 한 가지에 달려 있다. 즉 밖으로 내줄수
록 들어오는 힘이 더해진다. 생명을 누린다는 것은 주고받음의 건

강한 활동이다.

영적인 삶에서도 마찬가지다. 축복은 전부 무언가를 받는 것이라고 보는 그리스도인들이 있다. 그들은 받을 수 있는 용량이 지속적인 내버림과 주는 것으로 인해 커지고 유지된다는 사실을 모른다. 축복은 우리가 소유하던 것을 내놓은 빈 곳에 하나님의 충만함이 흐를 수 있을 때 온다. 그것은 우리 주님이 계속해서 강조하시던 것이다. 보화를 갖기 원하면 전 재산을 팔라고 주께서 말씀하셨고, 살고자 하면 목숨을 내놓으라고 하시며, 주를 위해 모든 것을 버린 자는 백배의 결실을 받는다고 말씀하신 뜻은 하나님 나라의 법에 따라 살려면 내주는 희생의 삶이 필요함을 제자들에게 설명하신 것이다. 우리가 진실로 그리스도 안에 거하고 그 안에서 발견되고자 한다면 우리의 모든 삶을 그분 안에서 가져야 한다. 우리는 다 각자 바울처럼 이렇게 고백해야 한다. "내가 모든 것을 잃어버리고 배설물로 여김은 그리스도를 얻고 그 안에서 발견되려 함이다."

그러면 버리고 내주어야 하는 것은 무엇인지 살펴보자. 먼저 버려야 할 것은 죄이다. 죄를 버리지 않고서는 진정한 회개가 있을 수 없다. 그런데 죄가 바로 무엇인지, 하나님의 거룩하심이 요구하는 바가 무엇인지, 죄를 정복할 수 있게 하는 예수님의 권능은 어느 정도인지 모르는 회심자의 무지로 말미암아 죄를 버리는 것은 불완전하고 피상적인 것으로 생각되었다. 그리스도인으로서의 삶이 성장하면 할수록 거룩하지 않은 모든 것을 더욱 철저하게 완전히 제거하고자 하는 바람이 생긴다. 특별히 끊임없이 그리스도 안에서 살고자 하고, 항상 그 안에서 발견되고자 하는 갈망이 강해질 때 그 영혼은 그리스도 안에서 죽고자 하고, 사실상 죄에 관한 모든 것을 떠나기 위해 새로이 주께 순복하고자 한다.

앞으로의 삶이 단 한 가지의 행동으로 인해 좌우되고 결정될 수 있는 인간 본성의 놀라운 힘을 하나님의 성령의 능력으로 사용하여 자신을 위해 더 이상 한순간도 죄에게 굴복하지 않고 오직 온전히 의의 종이 되는 것이다. 그는 죄에 굴복하지 않은 모든 순간이 사실은 득이며, 그리스도의 임재와 사랑이 흐르는 공간을 만든다는 기쁜 확신 속에 거할 수 있다.

불의한 모든 것을 떠난 후에는 자기 의를 버려야 한다. 비록 우리는 자기가 하고자 하는 일이나 이득을 꺾기 위해 열심히 싸우지만, 하나님을 섬기기 위해 참으로 자기를 부인하고 자기의 권리를 맨 끝자리에 두는 것은 간단하지 않다. 우리는 무의식적으로 자기의 생각과 마음과 의지가 이끄는 일을 하나님 앞에서 자유로운 영역에 두고 만다. 기도나 예배를 드릴 때, 성경공부나 하나님을 위한 일을 한다고 할 때조차 성령의 인도하심에 절대적으로 의지하는 대신 자아가 자아로는 절대 할 수 없는 일을 하려고 한다.

우리는 "내 속 곧 내 육신에 선한 것이 거하지 아니하는 줄을 아노니"(롬 7:18)라는 말씀의 의미를 깨닫기까지 많은 시간이 걸린다. 죄가 본성에 있는 모든 것에 얼마나 퍼져 있는지 주지하는 바와 같이 신앙에 있어서 자아에 속한 전부를 포기하지 않고서 그리스도 안에 온전히 거할 수 없다. 자아를 죽음에 내주고 우리 안에서 홀로 하나님이 보시기에 바람직한 일을 하실 수 있는 성령의 숨결을 기다려야 한다.

그다음에는 다시 창조주께 받았던 모든 능력과 재능과 우리의 전적으로 본성적인 삶이 함께 있다는 것이다. 거기에는 하나님이 우리에게 주신 모든 일과 관심사도 있다. 당신이 진정으로 회심했을지라도 이 모든 것을 하나님을 섬기는 데 바치고자 하는 간절한 열망만으로는 충분하지 않다. 그 열망은 좋으나 그 방법을 알 수도, 그 일을 바람직하게 행할 힘도 가지고 있지 않다. 우리가 하나님의 자녀가 되었다면 하나님이 주신 은사를 그분을 섬기는 일에 사용하는 것이 당연한 결과라는 생각은 교회의 성숙한 영성에 헤아릴 수 없이 깊은 해를 가져온다.

이를 위해서는 실로 매우 특별한 은혜가 필요하다. 그리고 그 은혜가 임하는 방법은 자기희생과 굴복이다. 내가 하나님의 자녀가 되었다 해도 여전히 나의 모든 재능과 능력이 얼마나 죄로 오염되었고, 육신의 권세 아래 있는지 깨달아야 한다. 내 힘으로는 그것을 가지고 하나님의 영광을 위해 사용하는 길로 바로 나아갈 수 없다.

나는 먼저 그것을 그리스도의 발아래에 두고 그분이 받으시어 깨끗이 씻게 해야 한다. 자아는 나의 재능과 능력을 바로 사용하기에는 철저히 무력함을 깨달아야 한다. 나의 육신, 옛 성품, 자아, 의지가 너무나 쉽게 그 힘을 발휘하려고 하기 때문에 나의 재능과 능력이라는 것이 나에게 가장 위험함을 알아야 한다. 이 확신 속에서 그 모든 것과 작별하고 그것을 온전히 주님께 내드려야 한다. 주님이 그것들을 받으시어 그분의 인장을 찍으시면 내가 그것을 그분의 소유된 것으로 다시 받아서 그것을 날마다 바르게 사용하고, 오직 주님의 영향력 아래서만 쓸 수 있는 은혜를 바라게 된다.

온전한 헌신의 길은 온전한 구원의 길이라는 진리가 여기서도 사실임이 경험으로 증명된다. 주님께 드리고 다시 받은 것이 이중으로 우리의 것이 될 뿐 아니라 모든 것을 내드린 뒤에는 다시 모든 것을 받게 되어 있다. 우리는 모든 것을 내드리고 그분을 따를 때 그리스도 안에 더욱 온전히 거하게 된다. 내가 그를 위해 모든 것을 잃어버림은 그 안에서 발견되려 함이다.

동일한 원리가 하나님이 우리에게 맡겨주신 모든 적법한 직업과 소유에서도 작용한다. 그것은 갈릴리 바다의 그물이나 베다니에 사는 마르다의 집안일과 마찬가지다. 예수님은 그들에게 그를 위해 모든 것을 버리도록 가르치셨다. 그것은 임의적인 명령이 아니라 하나님 나라의 은혜의 법칙을 이 땅에 적용한 것으로써 옛일들을 완전하게 버리면 버릴수록 새롭고 더욱 온전한 부흥이 내면에 일어난다는 말씀이다.

이 원리는 더욱 깊이 적용할 필요가 있다. 참된 영적인 은사는 내주하시는 하나님의 성령의 사역이므로 우리가 내드리고 위탁할 필요가 없는가? 진실로 그렇지 않다. 내드리고 받는 것의 상호작용은 일생의 과정이며, 단 한순간도 중단되어서는 안 된다. 그리스도인이 자신의 소유에 대해 기뻐하는 즉시 새로운 은혜의 줄기는 끊어지고 정체되는 위기가 온다. 목마른 영혼의 갈급함이 절대 목마르지 않는 비결이다. 우리가 하나님께 선물로 받는 축복의 경험 하나하나가 곧 그것을 보낸 분에게 찬양과 사랑과 희생과 섬김으로 되돌아가야 한다. 그래서 그 은혜는 우리에게 천국의 아름다움으로 새롭게 저장된다. 이것은 모리아 산의 이삭이 가르쳐준 교훈이 아니던가?

그가 약속의 자녀이며, 하나님이 주신 생명, 죽은 자를 살리시는 전능하신 하나님의 놀라운 선물이 아니었던가!(롬 4:17). 그가 내드린 바 되고 희생제물이 되었더라도 전보다 수만 배나 더욱 귀한 존재로 다시 살아났을 것이다. 하나님의 독생자 예수님이 순전하고 거룩한 생명을 내드려야 했으나 부활의 능력으로 다시 생명을 받았고, 그를 따르는 사람들도 이에 참여하게 한 것과 같다. 또한 과거의 경험이나 현재의 은혜에 만족하는 대신에 앞길을 재촉하여 뒤에 있는 모든 것을 잊어버리고, 그리스도와 그의 삶을 가능한 한 가장 온전히 깨닫는 길로 나아가야 할 것이다.

그리스도를 위해 모든 것을 내버리는 것은 단 한 번의 과정으로 한순간의 행동과 경험인가, 아니면 날마다 갱신되고 점진적으로 달성되는 것인가? 두 가지 모두 옳다. 그리스도인의 삶 속에서도 이 가장 귀중한 진리를 한 번에 얻을 수도 있고, 더 깊은 통찰을 통해 얻을 수도 있을 것이다. 또한 한순간의 결정을 통해 자기를 주의 권능의 날에 기꺼이 드리기 위해 하나님 앞에 모든 삶을 모으고, 자신을 살아 있고 받음직한 제물로 제단에 바칠 수도 있다. 이 순간들은 방황과 실패의 삶에서 주 안에 거하는 하나님의 권능의 삶으로 이동하는 복된 순간이다. 그러나 그때에도 그의 삶은 모든 소유를 하나님 앞에 새로이 내놓는 온전한 헌신을 위한 끊임없는 기도가 된다. 그런 경험이 없는 사람일지라도 자기를 드리도록 끊임없이 기도해야 할 것이다.

그리스도인이여, 그리스도 안에 거하려거든 이 축복의 길을 깨달으라. 자기 부인과 십자가가 우리의 삶 속에 가장 넓고 굳게 자리잡을 때 본성은 움츠러든다. 그러나 본성으로 사랑할 수 없고 행할 수 없는 것을 은혜가 이룰 것이며, 당신의 삶에 기쁨과 영광을 가져올 것이다. 당신은 자신을 주 예수 그리스도께 내드릴 것인가? 그분의 임재하심이 압도하는 능력은 전에는 가장 중요하게 생각했던 즐거움을 내쫓을 것이다. "현세에 있어 백배나 받되"(막 10:30). 주님의 이 말씀은 온전히 충성 어린 마음으로 모든 것을 버리고 주님의 명령을 받아들이는 모든 사람에게 진실이 된다.

복된 받아들임은 곧 내드림 역시 가장 복되게 할 것이다. 주님 안에 가까이 있는 삶의 비밀은 바로 이렇게 나타날 것이다. 내가 자신을 온전히 그리스도께 드릴 때 나는 그분을 나 자신을 위해 온전히 취하는 능력을 발견하고, 내가 그분을 위해 나 자신과 내가 가진 모든 것을 잃을 때 그분은 자신을 위해 나를 온전히 받으시며, 나를 위해 자신을 온전히 내주실 것이다.

성령과 더불어
예수님 안에 거하라

너희는 주께 받은 바 기름 부음이 너희 안에 거하나니 너희를 가르
치신 그대로 주 안에 거하라. 요한일서 2:27.

늘 그리스도 안에 거하는 삶은 얼마나 아름다운가! 그것을 오래 묵
상하면 할수록 더욱 우리의 마음을 끈다. 그럼에도 이 젊은 사도는
그 귀중한 말씀을 얼마나 자주 한탄하며 외치는가! "그리스도 안에
거하라!" 마치 그가 그 말씀의 진정한 의미를 거의 깨닫지 못했고
그 온전한 즐거움을 얻을 수 있는 방법을 알지 못하는 것처럼, 누군
가 그 의미를 완전하고 명확하게 알려주며 주님 안에 거하는 것이
그리 어렵지 않음을 지속적으로 알려주기를 바라는 것처럼 말이다.

오늘 우리가 사도 요한으로부터 들었던 말씀에 귀를 기울였다면 얼마나 큰 기쁨과 희망이 있을 것인가! 그 말씀은 우리가 모든 것을 가르쳐주시는 성령의 기름 부음을 가지고 있어서 그리스도 안에 거하는 방법을 배울 수 있다는 신령한 확신을 준다.

안타깝도다! 어떤 이는 그 말씀이 나에게 위안을 주지 않고 나를 더 우울하게 할 뿐이라고 말한다. 그것은 그가 어떻게 누리는지 모르는 또 다른 특권에 대해 말하고 있기 때문이다. 성령의 가르침은 어떻게 오는지, 성령에 대해 잘 알지도 못하는데 어디서 어떻게 그의 음성을 분별할 수 있다는 말인가? 그는 주 안에 거함에 관하여 성령이 가르쳐주신다는 약속만으로는 그다지 도움을 느끼지 못한다고 느낀다.

이러한 생각은 성도들 가운데 매우 흔하게 나타나는 어떤 실수로 말미암는다. 그들은 가르쳐주시는 성령이 영적인 삶의 비밀을 먼저 그들의 지식 속에 넣어준 후에 경험으로 알게 한다고 생각한다. 그러나 하나님의 방법은 이와 정반대이다. 모든 영적인 진리에서 참인 것은, 특히 그리스도 안에 거하는 것에서도 참이다. 우리는 진리를 알기 위해 먼저 진리대로 살아야 한다. 예수 그리스도와 함께하는 삶은 신령한 것에 관한 학문의 배움터이다. "내가 하는 것을 네가 지금은 알지 못하나 이후에는 알리라"(요 13:7)는 말씀은 하나님 나라의 법칙이며, 특히 날마다 깨끗이 해야 할 것과 지켜야 할 것을 말한다.

이해하지 못하는 것을 받아들이고, 이해할 수 없는 것에 순응하며, 이성으로 볼 때 신비에 속하는 것을 기대하고, 불가능해 보이는 것을 믿으며, 알지 못하는 길을 걸으라. 이것이 하나님의 학교에서 배우는 수업이다. "너희가 내 말에 거하면 참으로 내 제자가 되고 진리를 알지니 진리가 너희를 자유롭게 하리라"(요 8:31-32). 이 말씀과 여타 하나님의 말씀에서 우리는 진리의 이해에 선행하는 생각과 삶의 습관이 있음을 알게 되었다. 진정한 사도됨은 먼저 주님을 뒤따르고 그다음에 아는 것이다. 그리스도를 믿음으로 순복하고, 그분의 말씀에 믿음으로 순종하며, 가장 불합리해 보이는 것을 기대함은 그리스도를 아는 완전한 축복의 유일한 통로이다.

그 원리는 특히 성령의 가르침에 관해 적용할 수 있다. 성령님이 우리 안에서 영적인 삶으로 이끌며, 하나님이 예비하신 곳으로 인도하시는 방법을 우리가 항상 알지는 못한다는 것이다. 하나님의 약속을 믿고 그분의 신실함을 신뢰하는 성도는 자신이 해야 할 일을 지적으로 명확하게 이해해달라고 요구하지 않으며, 성령이 먼저 일을 하시고 난 후에 그 행하신 일에 순응하고 자신을 성령의 인도하심에 맡긴다. 믿음은 마음 깊은 곳에서 보이지 않게 일하시는 성령을 신뢰한다. 또한 그리스도의 말씀과 성령의 은사도 그리스도 안에 거하게 하는 성령의 가르침을 충분히 보증한다. 그는 믿음으로 보거나 느끼지 못하는 것에 대해 기뻐한다. 그는 내주하시는 성령이 그분의 일을 조용하지만 분명히 행하시고, 자기를 그리스도와의 온전한 동행과 중단 없는 교제로 이끄심을 알고 확신한다.

성령은 예수 그리스도 안에 있는 생명의 영이다. 그러므로 숨 쉬게 하는 일뿐만 아니라 그 안에서 영원토록 새로운 생명을 품고 강하게 하며 완성하신다. 성도가 보이지 않지만 가장 분명한 성령의 법에 의탁하면 그의 믿음은 지식으로 바뀔 것이다. 삶에서 성령의 능력으로 행해진 일은 말씀 안에서 나타나는 성령의 빛으로 보상받을 것이다. 지금 이것을 그리스도 안에 거하는 성령의 가르침의 약속에 적용하라. 성령은 실로 하나님의 강한 능력이다. 또한 성령은 그리스도의 사랑으로부터 오시며, 그의 생명의 운반자이시고, 우리 안에 계신 그리스도를 나타내고 교통하게 하신다. "성령의 교통하심"이라는 말씀은 우리에게 성령의 최고 사역이 무엇인지 알게 한다. 성령은 성부와 성자를 교통하게 하시며, 성령 안에서 성부와 성자는 하나이다. 성령은 모든 성도 사이를 교통한다. 성령 안에서 모든 성도는 하나이다. 무엇보다 성령은 성도와 그리스도를 교통하게 하신다.

성령은 포도나무와 가지를 하나로 묶어 자라게 하는 생명의 수액이시다. 성령 안에서 포도나무와 가지는 하나이다. 우리가 성령의 임재와 일하심을 믿기만 하면, 성령이 우리 안에 계심을 알아 그를 탄식하게 하지 않으면, 성령을 바라고 성령 충만하기를 기도하기만 하면 그분 안에 거하는 방법을 가르쳐주실 것이다. 성령은 먼저 우리의 의지로써 그리스도에게 전심으로 붙어 있게 하고, 그다음에 우리의 믿음을 일깨워 하나님에 대한 기대와 신뢰를 더하게 하신다. 그리고 나서 우리의 이해를 넘어서는 평강과 기쁨을 마음 속에 불어넣어주신다.

성령님은 그 방법을 거의 알지 못하는 우리에게 그리스도 안에 거하도록 가르치신다. 그리고 우리의 마음과 삶 속에 들어와서 우리를 이해시키고 진리를 알게 하신다. 이 진리는 단순한 생각의 진리가 아니라 예수 그리스도 안에 있는 진리이며, 성령께서 이미 삶속에서 실재가 되게 한 빛을 마음속에 비춘 것이다. 이 가르침의 관점에서 볼 때 우리를 그리스도 안에 거하는 삶으로 인도하시는 성령을 소유했다면 우리에게 가장 필요한 것은 고요하고 평안한 믿음이다. 우리는 그리스도 안에 거하려고 애쓰는 가운데 나타나는 모든 질문과 어려움 중에, 우리를 도우시는 그리스도를 경험하고자 느끼는 모든 바람 중에, 실패와 무력함에 대한 고통을 너무나 빈번하게 자각하는 중에 축복의 확신을 굳게 붙잡아야 한다.

우리는 그리스도 안에 거하도록 가르치시는 성령의 기름 부음을 받았다. "너희는 주께 받은 바 기름 부음이 너희 안에 거하나니 너희를 가르치신 그대로 주 안에 거하라." 주님의 이 가르침을 믿음의 특별한 훈련으로써 그리스도 안에 거하는 것에 적용하라. 당신이 그리스도와 함께하는 사람이라는 것만큼이나 분명하게 그의 영을 받았음을 믿으라. 당신이 성령을 방해하지 않는다면 그가 권능으로 그의 일을 할 것임을 믿으라. 당신이 알아채지 못할 때도 성령은 일하심을 믿으라. 당신이 성부께 구한다면 성령이 강력하게 일하실 것임을 믿으라.

성령의 충만함이 없이는 그리스도 안에 완전히 거하는 삶이 불가능하다. 성령의 충만함은 실로 당신이 날마다 이룰 몫이다. 생수의 강이 흐르는 하나님과 어린양의 보좌 앞에 거할 것을 확신하고 기도로 구하라. 오직 그곳에서만 당신은 성령으로 충만해질 수 있다. 우리 안에서 주님이 그분의 일을 하고 계신다는 평온하며 잠잠한 믿음으로 우리는 주님을 날마다 끊임없이 영화롭게 하는 습관을 조심스럽게 키워나가야 한다. 주님 안에 거한다는 믿음은 세상의 생각과 이기심과 육체의 행위 등 그분을 슬프게 하는 모든 것을 경계하게 한다. 그 믿음이 말씀을 양분으로 삼고, 그분이 성령과 성령의 권능과 성령의 위로와 그분의 사역에 관해서만 말씀하시게 해야 한다.

무엇보다 성령의 내주하심을 믿음이 당신을 인도하여 특히 예수님을 바라게 해야 한다. 우리가 성령의 기름 부음을 받았으므로 예수님만으로 충만할 때 그분으로부터 더욱 강력한 기름이 흘러 나온다. 우리가 그분을 바라볼 때 거룩한 기름 부음이 찾아온다. "머리에 있는 보배로운 기름이 수염 곧 아론의 수염에 흘러서 그의 옷깃까지 내림 같고"(시 133:2). 기름 부음을 가져오는 것은 예수님 안에 있는 믿음이다. 기름 부음이 예수님께로, 그리고 그분 안에 거하도록 인도한다.

그리스도인이여, 성령의 능력 속에서 그리스도 안에 거하라. 그 안에 지속적으로 거하는 것이 두려움이나 짐으로 생각되는가? 절대로 그렇지 않다. 우리의 거룩하신 위로자가 얼마나 은혜로우신지 안다면, 그리고 온전히 자신을 그분께 내드린다면 우리는 그리스도 안에 거함을 보증하는 보혜사를 주신 하나님의 위로를 진정으로 경험할 것이다. 성령은 그리스도 안에 있는 영광스러운 구원과 생명이 하나님의 능력으로 우리에게 전달되는 한 가지 목적을 위해 오셨다.

우리는 모든 구원의 능력과 죄에 대한 완전한 승리를 가지신 살아계신 그리스도를 영원히 우리 안에 거하게 하시는 성령을 받았다. 그가 위로자이신 까닭은 이것이다. 그와 함께 있음으로 인해 그리스도의 부재를 슬퍼할 필요가 없다. 그러므로 우리가 그리스도 안에 거함에 대한 말씀을 읽을 때나 묵상할 때, 혹은 기도할 때 우리를 가르치고 인도하며 일하시는 하나님의 영을 받았다는 사실을 꼭 기억하자. 성령이 비밀스러우면서도 강력한 능력을 가지고 불신앙으로 그분을 가로막지 않는 모든 이에게 역사하시기 때문에 우리는 이 소망을 분명히 이룰 수 있다는 확신 가운데 기뻐하자.

잠잠히 예수님의
임재를 기다리라

너희가 돌이켜 조용히 있어야 구원을 얻을 것이요 잠잠하고 신뢰하여야 힘을 얻을 것이거늘. 이사야 30:15. 여호와 앞에 잠잠하고 참고 기다리라. 시편 37:7. 나의 영혼이 잠잠히 하나님만 바람이여. 시편 62:1.

그리스도인 가운데 하나님과 인간이 각자 해야 할 일이 있는 동업자 같은 관계라고 생각하는 견해가 있다. 그 생각은 인간이 할 수 있는 일은 적고, 그 적은 일도 죄로 얼룩졌다고 본다. 그럼에도 인간은 최선을 다해야 하며, 그 후 하나님이 그분의 일을 하시기를 기대해야 한다는 것이다. 이렇게 생각하는 사람들이 성경에서 말하는 바 인간은 하나님의 구원을 바라며, 잠잠하고 아무 일도 하지 않는 것을 이해하기는 대단히 어렵다.

우리가 잠잠하고 모든 노력을 중단하는 것이 인간이 그 모든 능력을 가지고 할 수 있는 최상의 활동이라는 말은 완벽한 모순으로 보일 것이다. 그러나 이것이 바로 성경이 가르치는 바이다. 그 분명한 수수께끼에 대하여 설명하자면 하나님과 사람이 함께 일하는 것을 말할 때 각기 한 가지 일을 분담하는 양자의 동역에 대한 생각은 바르지 않다. 그 관계는 매우 다른 것이다. 올바른 생각은 순종에 근거한 협력이다.

예수님이 하나님을 온전히 의지하여 모든 말씀과 모든 사역을 행하신 것처럼 그리스도인도 스스로 할 수 있는 일은 없다. 우리가 스스로 할 수 있는 모든 일은 죄이다. 그러므로 자기가 무엇을 하려는 것을 멈추고 내주하시는 하나님이 일하시기를 기다려야 한다. 그가 자기의 모든 노력을 중단하면 하나님이 그 안에서 일하심을 믿음으로 확신하게 될 것이다. 하나님이 하시는 일은 그리스도인을 새롭게 하고 거룩하게 하며 최고의 힘을 발휘할 수 있도록 인간의 능력을 일깨우는 것이다. 그러므로 인간이 하나님의 손에 있는 수동적인 도구가 되어 자기를 진정으로 내드릴 때 그는 하나님의 전능하신 능력의 능동적 도구로 사용될 것이다. 최고의 능동성을 지닌 완벽한 수동성의 놀라운 조화를 가장 완전하게 깨달은 사람은 그리스도인의 삶에서 가장 진귀한 경험을 하게 된다.

그리스도 안에 거하는 복된 비결을 공부하는 사람들이 배우는 가르침 가운데 가장 필요하고 적합한 것은 영혼의 잠잠함이다. 그것만이 우리에게 올바로 배우는 겸손한 심령을 길러주어 주께서 그의 비밀을 그 심령에 드러내시고, 그의 방법을 보여주실 수 있는 유일한 방법이다. 그것은 세 명의 마리아가 보여준 매우 아름다운 심령이다.

먼저, 지금까지 인간이 보여준 가장 놀라운 대답인 마리아의 말을 들어보라. "주의 여종이오니 말씀대로 내게 이루어지이다"(눅 1:38). 그녀를 둘러싸고 많은 신비스러운 일이 더해 갔어도 성경은 예수님의 어머니인 마리아를 이렇게 말한다. "마리아는 이 모든 말을 마음에 새기어 생각하니라"(눅 2:19). 또한 '주의 발치에 앉아' 말씀을 듣고, 예수님의 장사를 예비하여 그분에게 기름 부었던 마리아는 예수님의 제자들보다 더욱 심오하게 주님의 죽음의 신비 속으로 들어가지 않았던가! 또한 바리새인의 집에서 눈물로 주를 찾으며 말보다 더 많은 말을 남긴 마리아의 마음을 생각해보라. 하나님 앞에 잠잠한 영혼이 예수님을 알기 위해 최고로 준비된 것이며, 성령이 주시는 축복을 굳게 잡는 방법이다. 잠잠히 주를 경외하고 거룩한 임재하심 앞에 경배할 때 성령의 세미한 음성이 들려온다.

사랑하는 그리스도인들이여, 그러므로 그리스도 안에 거하는 축복의 신비를 더 잘 알기 원하거든 먼저 이것을 마음에 새기라. "나의 영혼아 잠잠히 하나님만 바라라. 무릇 나의 소망이 그로부터 나오는도다"(시 62:5). 당신은 진정으로 참 포도나무와의 놀라운 연합을 소망하는가? 육체와 혈육은 당신에게 그것을 이루어줄 수 없지만 하늘에 계신 아버지께서는 하실 수 있다. "네 사사로운 지혜를 버릴지어다"(잠 23:4). 당신은 자신의 무지와 무능력을 고백하며 고개 숙일 수밖에 없다. 아버지께서 기쁘게 성령으로 가르침을 주실 것이다. 당신의 귀가 열려 있고, 생각은 들리는 말씀에 순종하려고 하며, 마음은 잠잠히 하나님만을 바라고, 그의 말씀에 귀를 기울이면 성령께서 당신에게 하나님의 비밀을 나타내실 것이다.

그 첫 번째 비밀 가운데 하나는 진리에 대한 깊은 통찰로서 겸허한 마음과 무력함으로 그분 앞에 고개를 숙이고, 잠잠하고 고요히 그분의 가장 희미한 사랑의 목소리라도 붙잡기 위해 있으면 당신의 모든 분주한 생각과 일상의 소음들로 인해 전에는 전혀 듣지 못했던 가르침이 들려올 것이다. 당신이 해야 할 가장 위대한 일은 하나님의 말씀을 귀 기울여 듣고 믿는 것이며, 그분이 하시는 일을 바라고 지켜보는 것이다. 그리고 자신을 하나님께 내드리고 당신 안에서 강력하게 일하시는 하나님의 행하심을 믿고 예배하며 순종하는 것이다.

우리가 평안히 쉬며 잠잠하면 하나님이 우리 안에서 우리를 위해 일하실 것이라는 말씀은 참으로 아름답고 반가운 메시지이다. 그러나 이것이 실제가 되기까지는 얼마나 갈 길이 먼가! 또한 많은 사람이 잠잠함이 축복이고 힘이며 최고 활동의 근원이라는 사실을 깨닫기까지는 얼마나 오랜 시간이 걸리는가! 그것이 진정으로 그리스도 안에 거하는 비밀임에도 말이다. 함께 그 진리를 깨닫기 위해 노력하고 이에 맞서는 어떤 것도 경계하자. 영혼의 안식을 위협하는 위험 요소는 적지 않다.

그 위험 요소는 먼저 이 세상에 속한 것을 불필요하게, 너무 지나치게 관심을 갖는 것으로부터 말미암는 방탕이다. 사람들은 모두 저마다의 소명이 있다. 그리고 하나님이 친히 택하신 소명의 범위에는 우리의 일과 그 주변의 것에 관한 관심도 하나의 의무로 자리한다. 그러나 그리스도인은 그 일과 관련해서도 냉철함과 경계가 필요하다. 그리고 우리에게 더욱 필요한 것은 하나님이 우리에게 절대적으로 부여하지 않은 일에는 거룩한 절제를 하는 것이다.

그리스도 안에 거하는 것이 실제로 우리의 최고 목적이 되려면 모든 불필요한 흥미를 경계해야 한다. 우리의 영혼에 깊이 자리 잡아야 하는 하나님의 경이한 능력에 맞서는 것은 비록 정당하고 필요한 것이라도 주의하지 않으면 하나님과의 교제에 대한 열정이나 힘이 소모된다. 그러면 세속적인 것에 관한 관심과 염려로 말미암은 불안함과 걱정이 자리 잡아 믿음의 삶을 좀먹고 영혼을 풍파가 이는 바다처럼 만든다. 또한 그곳에는 거룩하신 위로자의 부드러운 속삭임이 들리지 않는다.

이에 못지않게 위험한 것은 신령한 것을 두려워하고 불신하는 일이다. 그런 자는 우려와 노력에도 불구하고 결코 하나님이 하시는 말을 들을 수 없다. 무엇보다 자기의 방식과 자기의 힘으로써 오직 위로부터 오는 영적인 축복을 받으려고 하는 데서 오는 불안함이 있다. 하나님의 뜻을 자기가 계획하고 노력하려는 생각으로 가득한 가운데 그리스도 안에 거하는 축복을 확신하는 자는 지속적으로 실패할 수밖에 없다. 하나님의 일이 우리의 방해로 가로막히는 것이다. 우리가 자신의 일을 중단할 때만 하나님이 자기의 일을 완전하게 행하실 수 있다. 하나님이 뜻하고 행하심을 기대함으로써 하나님을 영화롭게 하는 영혼 안에서 하나님의 일을 강력하게 행하실 것이다.

마지막으로 우리가 진정으로 믿음의 길에 들어가기를 원할 때 하나님이 아닌 인간의 기준을 따라 영적인 생명과 성장을 판단하려는 육체의 성급함이 있다. 이 모든 것과 잠잠함의 가르침을 깨닫고 하나님의 말씀을 온전히 받아들이는 사람은 복이 있다. "잠잠하고 신뢰하여야 힘을 얻을 것이거늘." 하나님의 말씀에 귀 기울이거나 아버지께 그분의 말에 귀 기울일 수 있도록 간구할 때마다 먼저 영존하시는 하나님의 임재 앞에서 나의 영혼이 잠잠해지기까지 모든 것을 잠시 멈추고 그 후에 말씀을 읽거나 기도를 시작해야 한다.

하나님이 가까이 계심을 자각하며, 자아가 얼마나 그 스스로를 주장하기에 급급하고, 그 모든 생각과 노력으로 인해 지성소로 가는 길까지 침입하려고 하는지 깨달은 영혼은 고요하게 하나님의 영이 가르치고 일하심에 자기를 드린다. 이제 자아는 하나님의 뜻과 임재의 나타남을 위해 모든 것을 멈추고 거룩한 고요 속으로 들어간다. 그런 후에 말씀 묵상과 기도를 할 때 하나님의 말씀하심을 온전히 받기 위한 문이 열리며, 참으로 하나님을 바라게 된다.

"그리스도 안에 거하라!" 날마다 묵상과 하나님을 바라는 고요한 시간을 갖지 않고 그리스도 안에 거할 수 있다고 생각하지 말라. 그 시간 가운데 그리스도인이 이 세상과 그 모든 분주함을 떠나 모든 생각을 넘어서서 마음과 생각을 지키는 하나님의 평강을 지니는 영혼의 습관이 생긴다. 믿음의 뿌리가 깊이 내리는 곳, 성령님이 친히 가르치시고, 거룩하신 아버지께서 영광스러운 일을 수행하실 수 있는 곳은 평안하고 잠잠한 영혼이다. 우리가 모두 매일 "참으로 나의 영혼이 하나님 앞에 잠잠하다"라고 고백할 수 있기를. 또한 이에 도달하기까지 어렵다고 느낄 때마다 폭풍우도 잠잠하게 하시는 하나님의 임재를 바라고 믿을 수 있기를. 잠잠히 바람은 그리스도 안에 거하는 방법이다. 그리스도 안에 거하는 삶의 열매로 영혼이 천상의 고요함과 잠잠함으로 더욱 깊이 들어가기를 바라라.

P·A·R·T·4

예수님처럼 하나님
안에 거하라

01

In Affliction and Trial

고난의 때는 축복받을
-- 최고의 때이다

무릇 열매를 맺는 가지는 더 열매를 맺게 하려 하여 그것을 깨끗하게 하시느니라. 요한복음 15:2.

모든 식물 가운데 포도나무만큼 하나님과 인간의 관계를 형상화하는 데 적합한 것이 없다. 포도나무만큼 그 열매와 즙이 그토록 생기있고 기운을 북돋는 것도 없다. 반면 포도나무만큼 그 본성이 그토록 철저히 못된 나무도 없다. 포도나무가 자라면 그 가지들은 불에 던져지는 것 외에 쓸 데가 없다. 모든 식물 중에서 포도나무처럼 지속적으로 가지치기가 필요한 것은 없다. 포도나무는 손이 가장 많이 가고 정성을 들여야 하지만, 또 이것만큼 농부에게 풍성한 수확

153

Part 4. 예수님처럼 하나님 안에 거하라

을 가져오는 식물도 없다.

우리 주님은 이 놀라운 비유를 가지고 단 한마디로 포도나무 가지치기의 필요성과 그것이 가져오는 복을 설명하고 계신다. 그 한마디는 그리스도인에게 많은 고통과 슬픔을 주는 이 어두운 세상에 빛의 물줄기를 얼마나 풍성하게 부어주는가! 시련 가운데 피 흘리고 있는 가지에게 얼마나 큰 가르침과 위로의 보물이 되는가! "열매를 맺는 가지는 더 열매를 맺게 하려 하여 그것을 깨끗하게 하시느니라." 또한 주님은 시험이 닥치면 금방 믿음이 흔들리고, 그리스도 안에서 벗어나기 쉬운 성도들에게 고난이 올 때마다 그들을 더 가까이 부르시는 하나님의 음성을 듣게 하신다.

그렇다. 그리스도인이여, 시험의 때에 더욱 그리스도 안에 거하라! 이것은 참으로 시험을 주신 하나님의 목적이다. 폭풍우가 몰아칠 때 나무는 땅 속으로 더 깊이 뿌리를 내린다. 강풍이 불면 사람들은 피난처를 찾거나 집 안에 머문다. 이처럼 하나님은 고난을 통해 우리를 그리스도의 사랑 속에 더 깊이 이끄신다. 우리의 마음은 계속해서 주님으로부터 떨어져 방황하려 한다. 경제적인 부요와 오락은 모두 우리를 너무나 쉽게 만족시키고, 우리의 영적인 감각을 무디게 하며, 그리스도와의 온전한 연합을 방해한다. 하나님이 징계를 가져오시며, 우리 주변을 온통 어둡고 멀리하고 싶게 하시며, 우리가 자신의 죄를 더욱 깊이 통탄하게 하시고, 앞으로 위험해 질 수 있는 즐거움에 한동안 빠지게 하시는 것은 말할 수 없는 자비로 인해서다.

하나님은 우리가 고난 가운데 그리스도 안에서 안식처를 찾고 그것을 유일한 길로 선택하기를 원하신다. 그리고 그 고난이 물러 갔을 때도 우리는 하나님과 더욱 친밀해졌으므로 우리에게 번영이 와도 여전히 그리스도 안에 거하는 것을 유일한 즐거움으로 삼을 것이다. 하나님께서 이 목적에 집중하시는 만큼 그분이 우리의 고난을 기뻐하시지 않는다 해도, 사랑하는 자녀가 아버지 품으로 돌아와서 그 사랑하는 아들 안에 거하게 하기 위해서라면 가장 고통스러운 고난의 채찍이라도 들기를 멈추지 않으실 것이다.

그리스도 안에 거하라. 그리하면 하나님이 고난 가운데 당신에게 계획하신 가장 풍성한 축복의 참여자가 될 것이다. 하나님이 지혜로 행하신 일의 목적이 분명해질 것이며, 그 변함없는 사랑에 대한 당신의 확신도 더욱 단단하고 튼튼해져서 성령의 능력이 당신 안에서 그 약속을 성취시킬 것이다. "주께서 그 사랑하시는 자를 징계하시고 그가 받아들이시는 아들마다 채찍질하심이라 하였으니"(히 12:6).

그리스도 안에 거하라. 그러면 당신의 십자가는 그리스도의 십자가에 참여하고 그 신비에 접근하는 수단이 된다. 그 신비는 하나님이 당신을 위해 지신 저주의 신비이며, 당신이 그리스도 안에 참여함으로 죄에 대해 죽은 신비이자, 그분이 대제사장으로서 당신의 모든 슬픔에 빠져드는 신비이다. 그리스도 안에 거하라. 풀무불 속에서도 인자와 같은 이가 전에 보지 못하던 모습으로 나타나실 것이다. 십자가가 벗겨지고 금은 정제되어 그리스도의 형상이 당신 속에 투영될 것이다.

오, 그리스도 안에 거하라. 육체의 권세는 파멸되고, 옛 본성이 가진 조급함과 자기 의는 기가 꺾이며, 그리스도의 겸손함과 온유함이 자리 잡을 것이다. 그리스도인이면 많은 고난을 겪을 수 있지만 그 모든 것으로부터 얻을 축복을 보증한다. 그리스도 안에 거함은 하나님이 우리를 징계하시는 모든 목적의 비밀이다.

그리스도 안에 거하라. 그분 안에서 당신은 확실하고 풍성한 위로를 찾을 것이다. 고난에 대한 위로가 먼저 있을 것이고 고난의 유익이 두 번째로 올 것이다. 하나님이 우리를 극진히 사랑하시기 때문에 우리가 주와 함께 있음으로 인해 실제적인 유익을 얻는 것이 하나님의 첫 번째 목적이지만 우리를 위로하시는 것 또한 잊지 않으신다. 하나님의 위로 방법은 괴로운 마음을 그에게로 돌려 하나님과 교제하며 축복을 받게 하는 것이다. 하나님이 위로하지 않으실지라도 그분의 목적은 변함없다. 우리를 그의 거룩함의 참여자로 만드실 때 진정한 위로가 온다.

성령은 위로자시다. 그분이 하나님의 사랑 속에 있는 위로의 마음을 전달하실 뿐 아니라 더욱이 우리를 거룩하게 하시고, 그리스도와 하나님과 친밀한 연합을 이루게 하신다. 성령은 우리가 그리스도 안에 거하도록 가르치신다. 그리스도 안에서 하나님을 뵐 수 있으므로 가장 참된 위로도 그곳에서 올 것이다. 그리스도 안에서 아버지의 사랑이 나타났고 아버지의 가슴에서 쉬는 것 이상의 위로는 있을 수 없다. 그리스도 안에서 하나님 사랑의 충만함이 나타났으며 어머니의 자비로운 위로와 합하여진다. 이보다 더한 위로를 어디서 찾을 수 있겠는가?

그리스도 안에서 당신이 잃었던 것보다 수만 배 이상을 얻을 것이다. 하나님이 당신의 마음속에서 하나님의 자리를 빼앗은 것을 어떻게 가져가실 뿐만 아니라 그보다 훨씬 좋은 것으로 채우시는지 보라. 그리스도 안에서 고통은 성화되고, 오히려 영원한 영광의 전주곡이 된다. 고통 가운데 하나님의 영과 영광이 우리 위에 임하신다. 그리스도인이여, 고난 가운데 위로받기를 원하는가? 그리스도 안에 거하라.

그리스도 안에 거하라. 그리함으로 당신은 열매를 많이 맺을 것이다. 포도열매를 바라지 않고 포도나무를 심는 농부는 없다. 열매가 중요하다. 다른 나무들은 관상용이나 그늘을 위해, 혹은 목재를 얻기 위해 심을 수 있다. 그러나 포도나무는 오직 열매를 얻기 위해 심는다. 농부는 각각의 포도나무를 보고, 그것이 어떻게 하면 더 많은 열매를 맺을 수 있을지를 주목한다.

그리스도인이여, 고난의 때에 그리스도 안에 거하라. 그러면 더 많은 열매를 맺을 것이다. 그리스도의 온유함과 아버지의 사랑에 대한 경험이 깊을수록 당신은 그의 영광을 위해 살게 될 것이다. 자아와 자기 의를 버리고 고통을 따르면 당신은 타인의 고난을 동정할 수 있다. 징계받은 후의 부드러운 마음은 예수님처럼 모든 사람을 섬기는 자에게 꼭 필요한 것이다. 열매를 위해 가지를 치는 아버지의 소망은 당신을 이전보다 더욱 새롭게 해서 이제 삶에서 오직 한 가지 목적이 있다고 고백하게 하는 것이다. 하나님의 놀라운 사랑을 이웃에게 알리고 전하는 것이다. 당신은 자아를 잊어버리는 놀라운 축복을 배우고, 고난 가운데서도 자신의 일상으로부터 벗어나서 타인의 행복을 구하는 자로 설 것이다.

사랑하는 성도여, 고난 가운데 그리스도 안에 거하라. 고난이 가까이 오면 그리스도를 만나라. 고난이 왔을 때 그리스도 안으로 더 가까이 나아가라. 그리스도는 당신에게 고난보다 더 가까이 가실 것이다. 고난이 지나간 후에도 그리스도 안에 거하라. 가지치기를 말씀하시는 주님의 한 가지 생각과 가지치기를 행하시는 하나님 아버지의 한 가지 뜻이 당신에게 임하실 것이다. "무릇 열매를 맺는 가지는 더 열매를 맺게 하려 하여 그것을 깨끗하게 하시느니라."

그러므로 고난의 시간은 당신에게 풍성한 열매 맺음을 준비하는 최고의 축복의 시간이다. 하나님의 아들과 친밀한 교제 속으로 들어가서 그분과 내가 서로에게 완전하게 속해 있다는 복된 확신 가운데 그분의 사랑과 은혜를 깊이 경험하면, 더욱 온전하게 하나님으로 만족하고 전보다 더욱 자기를 하나님께 드릴 수 있게 된다. 당신의 뜻은 다시 십자가에 못 박히고 당신의 마음은 하나님의 뜻과 조화되어, 당신은 주인의 모든 선한 일을 위해 깨끗이 비워지고 주인이 사용하는 그릇이 되는 것이다.

진정한 그리스도인들이여, 고난 가운데 당신의 첫 번째이면서 유일한 소명은 그리스도 안에 거하는 것이라는 축복의 진리를 깨달으라. 홀로 그분과 있으라. 친구들이 종종 가져오는 위로와 한순간의 즐거움을 조심하라. 예수님만을 당신의 가장 친한 동료이자 위로자로 삼으라. 그리스도와의 친밀한 연합과 그분을 통해 맺는 풍성한 열매는 고난의 결과임을 확신하며 기뻐하라. 가지치기를 하시는 이가 하나님의 일을 위해 자신을 드리는 영혼의 소망을 분명히 성취시키실 것이다.

열매를 많이 맺어 주께 영광을 돌리라

그가 내 안에 내가 그 안에 거하면 사람이 열매를 많이 맺나니….
너희가 열매를 많이 맺으면 내 아버지께서 영광을 받으실 것이요.
요한복음 15:5,8.

우리는 열매가 무엇인지 잘 안다. 그것은 가지의 소산이다. 열매로
말미암아 사람이 힘을 얻고 영양분을 얻는다. 열매는 가지를 위해
있는 게 아니라 열매를 따는 사람을 위해 있는 것이다. 열매가 익으
면 가지는 열매를 내주어 사람을 이롭게 하는 일을 한 후 다음 해
열매를 낼 준비를 한다. 열매맺는 나무는 그 자신을 위해 살지 않고
전적으로 그 열매가 가져다주는 생기와 생명을 혜택받는 사람을 위

해서 산다. 가지 역시 오직 전적으로 열매를 위해 존재한다. 농부의 마음을 기쁘게 하는 것이 그 목적이요 안전이자 영광이다.

이는 믿는 자가 그리스도 안에 거하는 모습에 대한 얼마나 아름다운 형상인가! 그리스도 안에 거하는 자는 힘이 자랄 뿐 아니라 포도나무와의 연합도 더욱 확실하고 단단해진다. 그 역시 많은 열매를 맺는다. 그는 다른 사람들이 먹고살 수 있는 열매를 제공할 능력이 있다. 그를 둘러싼 많은 사람 가운데 그는 생명나무와도 같아서 그들이 맛보고 새 힘을 얻을 수 있다. 그 사람은 주변에서 생명과 축복의 중심이 된다. 그가 단지 그리스도 안에 거하기 때문만이 아니라 그리스도 안에서 다른 사람들에게 나누어줄 수 있는 성령과 생명을 받았기 때문이다. 그러므로 당신이 타인을 축복하기를 원한다면 그리스도 안에 거하고, 그리스도 안에 거했다면 분명히 축복할 수 있음을 깨달으라.

열매를 많이 맺는 포도나무의 가지가 열매를 내는 것만큼 확실하게 그리스도 안에 거하는 영혼은 그리스도의 충만한 축복으로부터 복을 나누어줄 수 있다. 그 이유는 쉽게 이해할 수 있다. 신령한 포도나무인 그리스도께서 성도를 가지로 취했다면 그가 열매를 낼 수 있도록 수액과 기운과 영양분을 공급하실 것이다. "내게 붙어 있어 열매를 많이 맺는다." 이 말씀은 포도나무 비유에서 새로운 의미를 끄집어낸다. 우리의 영혼에 필요한 한 가지는 보살핌이다. 그리스도 안에 가까이, 온전히, 전적으로 거하는 것이다. 그리스도께서 열매를 많이 내실 것이다. 그분이 성도를 복되게 하는 모든 일을 하실 것이다.

그리스도 안에 거하라. 당신은 그리스도에게서 죄인을 향한 사랑과 연민의 마음을 받아 죄인을 위한 열심을 내게 된다. 본성상 사람의 마음은 이기심으로 가득 차 있다. 그리스도인이라 할지라도 자기 자신의 구원과 행복이 유일한 목적이 되는 경우가 많다. 그러나 그리스도 안에 거함으로써 당신은 그분의 무한한 사랑과 만날 것이다. 당신의 마음에도 그분의 사랑의 불길이 타올라서 사랑의 아름다움을 깨닫고, 이웃을 사랑하고 섬기고 돕는 것이 예수님의 제자가 가질 수 있는 최고의 특권임을 깨닫게 될 것이다. 그리스도 안에 거함으로써 당신은 아직 어둠 가운데 있는 죄인들의 비참함과 하나님을 욕되게 한 것에 대한 두려움에 눈을 뜰 것이다.

당신은 그리스도와 함께 자신이 아닌 다른 이들의 죄의 짐을 들기 시작한다. 그리스도와 더욱 가까이 연합할 때 그분을 갈보리에 오르게 한 영혼들의 죄로 인한 고난을 함께 짊어지고 그분의 길을 따라가기 시작한다. 당신은 자기만의 행복을 희생하고 그리스도께서 가르쳐주신 사랑의 길을 따라 영혼들을 구하는 일에 삶을 바친다. 포도나무의 정신은 바로 사랑이다. 사랑의 정신이 그리스도 안에 있는 가지를 따라 흘러들어간다.

복의 근원이 되고자 하는 열망은 시작에 불과하다. 당신이 그 일을 맡게 되면 곧 자신의 약함과 난관을 깨닫게 된다. 당신의 생각대로 영혼을 구원할 수 있는 것이 아니다. 그리하여 쉽게 낙담하고 자신의 노력을 중단하게 된다. 그러나 그리스도 안에 거함으로써 그 일에 대한 새로운 힘과 용기를 얻게 된다. 그리스도의 가르침을 믿으라. 그분은 당신이 그리스도의 축복을 세상에 전할 수 있다 하시고, 당신은 그리스도의 숨은 능력을 발휘할 수 있는 연약한 도구에 불과하지만 그분의 힘이 당신의 약함으로 인해 완성되고 영화롭게 된다고 말씀하신다. 성도가 자신의 약함을 온전히 인정하고, 주님이 자기를 통해 일하시는 것을 확신하여 신실하게 그분 안에 거하기를 힘쓰는 것은 커다란 도약이다.

우리에게 탁월한 능력이 있는 것이 아니라 하나님께 있는 것을 알면 기뻐할 수 있다. 그리스도와 하나가 되었음을 깨달을 때 더 이상 자신의 약함을 생각하지 않고 내주하여 일하시는 하나님의 능력을 의지하게 된다. 그 믿음이 우리의 얼굴을 밝게 해주고, 우리의 목소리에 온화한 확신을 주며, 우리가 하는 모든 일에 인내심을 주는 등 우리가 행하고자 하는 일에 선한 영향을 미치는 위대한 수단이 된다. 우리는 승리가 보장된 마음으로 앞으로 나아간다. 그 승리는 우리의 믿음까지도 넘어서는 것이다. 우리는 하나님이 우리의 무가치한 노력에 복을 주실 수 없다는 사실을 더 이상 부끄럽게 여기지 않는다. 일하는 분은 그리스도이므로 우리는 축복을 요구하고 기대하게 된다.

그리스도 안에 거하는 위대한 비밀은 우리가 아무것도 아니며 주님이 전부라는 깊은 신념이다. 이것을 깨달았을 때 우리의 약함이 그리스도의 구원 능력에 어떤 방해도 될 수 없다는 믿음은 흔들리지 않는다. 단순하고 어린아이 같은 믿음으로 자기를 전적으로 그리스도께 헌신한 성도는 분명히 많은 열매를 맺을 것이다. 우리는 두려움 없이 말씀에 약속된 놀라운 몫을 요구할 것이다. "나를 믿는 자는 내가 하는 일을 그도 할 것이요 또한 그보다 큰일도 하리니 이는 내가 아버지께로 감이라"(요 14:12). 우리는 더 이상 자신이 복을 가질 수 없고 열매 없이 초라하게 있어야 한다고 생각하지 않는다. 우리는 열매가 가장 많이 달린 가지가 고개를 더 아래로 숙인다는 사실을 깨닫는다. 우리는 그리스도 안에 거하며 포도나무와 가지가 연합하는 축복에 동의한다. 열매로 인한 모든 영광은 농부이신 하나님 아버지께 돌려드리는 것이다.

이제 두 가지 가르침을 배우자. 우리가 예수님 안에 거할 때 일을 시작하자. 먼저 일상에서 우리 주변의 사람들에게 영향을 미치자. 우리의 거룩한 부르심을 분명하고 기쁘게 받아들여서 이웃들에게 예수님의 사랑의 종으로 살자. 우리의 일상은 예수님이 보시기에 좋은 인상을 주는 목적을 가지고 있어야 한다. 당신은 가지를 볼 때 즉시 포도나무의 형상을 알게 된다. 그렇듯이 우리는 예수님의 거룩함과 온화함이 우리를 통해 비추어지는 삶을 살아야 한다. 우리는 삶 속에서 예수님을 나타내야 한다. 예수님이 이 땅에 계실 때와 마찬가지로 우리의 삶은 그분의 길을 예비해야 한다. 교회와 세상에게 모두 필요한 것은 성령과 사랑으로 충만한 남녀가 그리스도의 은혜와 능력의 살아 있는 전형이 되어 그분을 증거하고, 그분을 믿는 모든 사람을 위해 그리스도의 능력을 나타내는 것이다.

예수님이 찾으시는 영혼들 안에서 영광을 받으시기를 갈망하는 마음으로 자신을 그분의 사역에 드리자. 우리의 집에서 할 일이 있다. 병든 자들, 가난한 자들, 외롭고 소외된 자들에게 할 일이 있다. 그리스도의 영이 그분께 자기를 맡긴 사람들에게 열어주는 수백 가지 다양한 모습의 사역이 얼마든지 있다. 아직 누구도 가 본 적 없는 길이 우리에게 열릴 수도 있다. 이제 그리스도 안에 거함으로 일하자. 유행을 좇는 데 만족하며 종교적인 일에 참여하는 사람들과 다르게 일하자. 그리스도 안에 있음으로 그리스도를 더욱 닮아가는 사람들, 예수님처럼 영혼들을 아버지께 데려가는 일을 이 땅에서 하늘의 기쁨과 영광을 맛보는 최고의 사역이라고 생각하는 사람들과 같이 일하자.

그리고 두 번째 가르침은 이것이다. 당신이 일하거든 그리스도 안에 거하라. 올바른 마음으로 행한다면 사역은 축복이 될 것이며, 당신과 주님과의 연합은 더욱 단단해질 것이다. 사역은 당신의 약함을 드러내고, 당신을 주님의 능력 뒤에 던질 것이다. 그것은 당신으로 하여금 많이 기도하게 할 것이다. 타인을 위한 기도는 자신을 잊어버리고 무의식중에 그리스도께 더 깊이 자라게 한다. 그것은 가지의 절대적인 의존성과 동시에 그 영예로운 충만함, 예수님께 의존함으로써 다른 모든 것과는 독립되는 모습 등 가지된 삶의 진정한 모습을 나타낼 것이다. 당신이 일하거든 그리스도 안에 거하라. 유혹과 위험이 많을 것이다. 그리스도를 위한 일은 때때로 그리스도로부터 멀리 떨어지게 하고, 그분과의 교제의 시간을 빼앗는다. 사역은 때때로 능력 없는 불신앙의 모습을 가져온다.

당신이 사역하거든 그리스도 안에 거하라. 당신 안에서 일하시는 그리스도를 믿음은 당신의 모든 사역의 비밀스러운 샘이다. 이것은 겸손과 용기를 줄 것이다. 예수님의 성령이 당신 안에서 부드러운 동정과 신령한 능력으로 머무시게 하라. 그리스도 안에 거하고 당신이 가진 모든 것을 주저 없이 그분께 드리면 그분이 그 모든 것을 성화시킬 것이다. 정말로 당신을 통해 예수님이 일하시기 원한다면 온전한 성화가 날마다 새롭게 있어야 한다. 그러나 이제 우리는 그것이 그리스도 안에 거하는 것이며, 우리의 최고의 특권과 행복이라는 것을 안다. 많은 열매를 맺는 가지가 되는 것은 그 이상도, 그 이하도 아닌 우리의 유일한 기쁨이다.

거할 때 더 큰 기도의
능력이 나타난다

너희가 내 안에 거하고 내 말이 너희 안에 거하면 무엇이든지 원하는 대로 구하라. 그리하면 이루리라. 요한복음 15:7.

기도는 그리스도와 연합하는 수단이자 연합의 열매이다. 기도는 이루 말할 수 없을 정도로 중요한 수단이다. 믿음에 관한 모든 것, 원하는 것의 모든 간구, 온전한 순종 뒤의 모든 소원, 죄와 연약함의 모든 고백, 자기를 버리고 그리스도께 연합한 영혼의 모든 행동 등은 다 기도로 표출된다. 그리스도 안에 거하며 묵상하는 동안 그 축복된 삶에 대해 성경이 가르치는 바가 새롭게 이해되며, 곧 하나님 아버지를 바라보고 자기의 마음을 그분에게 쏟고자 하는 충동이 생기면서, 하나님이 말씀에서 보여주시는 바를 온전히 이해하고 소유할 수 있기를 구한다.

마음에서 우러난 소망을 기도로 표현하는 데서 만족하지 못하고, 깨달았던 바를 받아 단단히 붙들기 위해 조용한 기도의 자리로 들어가는 사람은 그리스도 안에서 강건하게 성장한다. 그리스도 안에 처음으로 거한 상태가 아무리 나약하다 해도 그 기도는 상달될 것이고, 기도가 더욱 풍성히 주님 안에 거할 수 있게 하는 훌륭한 수단임을 깨닫게 된다.

그러나 기도는 그리스도 안에 거하는 수단 이상으로, 그 열매로서 중요하다. 주님은 포도나무의 비유에서 이를 언급하고 계신다. 주님은 우리가 생각하는 것처럼 자기의 복을 구하는 수단으로 기도를 말씀하지 않으시고, 우리가 하나님의 동역자로서 그리스도의 구원의 복을 세상에 나누는 가장 중요한 통로로 기도를 말씀하셨다.

예수님은 자기와 우리 앞에 하나님 나라의 확장으로써 아버지의 영광을 보이시고, 그것이 우리가 가져야 할 목적으로 생각하셨다. 우리가 그분 안에 거하기만 하면 우리는 하나님과 더불어 능력을 소유한 이스라엘인이 될 것임을 확신하게 하셨다. 우리의 기도는 의인의 효과적이고도 열렬한 기도가 되어야 하는데, 이는 불경건한 이스라엘 백성들을 위한 엘리야의 기도처럼 역사하는 힘이 크다. 그런 기도가 그리스도 안에 거하는 우리의 열매이며 많은 열매를 가져오는 수단이다.

예수님 안에 온전히 거하지 않는 그리스도인들에게 기도는 때로 힘든 것이어서 마치 기도가 가져오는 평안함과 힘을 도리어 **빼앗아** 가는 것처럼 느껴질 수 있다. 그런 자는 겸손의 가면을 쓰고 죄인인 인간이 어떻게 거룩한 분에게 영향을 줄 것을 기대할 수 있느냐고 말한다. 그는 하나님의 주권과 그 완전한 지혜와 사랑을 생각하며 자기의 기도는 어떤 실질적인 영향력도 없다고 여긴다. 그는 기도는 하지만 그 기도가 상달될 것이라는 믿음에서 나온 것이라기보다는 기도하지 않으면 왠지 찜찜해서 하는 것이다.

그러나 그리스도 안에 진정으로 거하는 자는 그런 어려움과 고민으로부터 얼마나 평안할 수 있는가! 그는 그리스도와의 영적인 연합으로 우리가 어떻게 용납되는지를 점차 더 많이 깨닫게 된다. 하나님의 아들과의 연합은 생명의 연합이다. 우리의 기도는 하나님 아들의 기도처럼 하늘로 올라간다. 우리가 그의 안에 있기 때문에 우리가 뜻하는 바를 구할 수 있고 구한 바를 응답받을 수 있다.

이것이 가능할 수밖에 없는 이유는 많다. 그중 한 가지는 우리가 그리스도 안에 거하고, 그분의 말씀이 우리 안에 거하면 하나님의 뜻과 조화되는 기도를 할 수 있기 때문이다. 그리스도 안에 거함으로써 자기 의는 꼬리를 내리고, 본성에 속한 생각과 소망은 그리스도의 생각과 소망에 사로잡힌다. 그리스도와 동일한 생각이 우리 안에 자라가고, 우리의 모든 사역과 의지는 그분의 사역과 의지와 일치된다. 우리의 뜻을 그리스도께 온전히 순복했는지에 대한 마음의 성찰이 깊고 자주 새로워진다. 마음을 통찰하시는 성령에 대한 뜨거운 기도는 공으로 돌아오지 않을 것이다.

내주하시는 하나님의 생명의 능력에 모든 것을 맡길 때 그 능력은 평범한 소원과 간구에도 불구하고 거룩한 영향을 발휘할 것이다. 하나님의 성령이 우리의 존재 전체에 불어와서 우리가 비록 그 방법을 알지 못할지라도 우리의 소원은 하나님의 생명의 숨결처럼 하나님의 뜻과 조화를 이루어 성취될 것이다. 그리스도 안에 거하는 것은 우리의 뜻을 새롭고 거룩하게 하는 것이다. 우리는 마땅히 구할 바를 구하고, 구한 것은 우리에게 주어진다.

이와 밀접하게 연관된 생각이 있다. 성도는 그리스도 안에 거함으로써 하나님의 영광만을 구하는 기도를 한다. 예수님은 기도에 응답할 것을 약속하시면서 "아버지로 하여금 아들로 말미암아 영광을 받으시게 하려 함이라"(요 14:13)고 그 목적을 말씀하셨다. 요한복음 17장에 나오는 세상을 위해 중보기도하시는 예수님의 간구와 소원은 오직 하나님의 영광임을 알 수 있다. 하늘에서 우리를 위해 중보하시는 예수님의 한 가지 목적도 바로 하나님의 영광이다.

성도가 그리스도 안에 거할 때 주님은 그 소원을 그 믿는 자 안에 심으신다. 오직 하나님께 영광을 돌리는 것은 그리스도 안에 감추어진 삶의 목적이 된다. 처음에는 그 목적이 기도하는 영혼을 압도하고 잠잠하게 하여 그가 자기의 소원을 품기도 두려워한다. 그것이 아버지의 영광이 아닐지도 모르기 때문이다. 그러나 하나님께 영광을 돌리는 게 기도의 최고 목적이라는 사실을 받아들이고 모든 것을 이에 굴복시키면, 그것은 강력한 능력으로 우리의 마음을 넓히고 하나님의 영광으로 열린 광활한 들판으로 우리를 안내한다. 그리스도 안에 거하는 영혼은 갈망하는 것을 배울 뿐 아니라 무엇이 하나님께 영광이 되는 것인지를 분별하게 된다. 또한 응답받는 기도의 첫 번째 조건은 그리스도와 연합될 때처럼 온 마음이 하나님의 아들과 일치될 때 성취된다. 그분이 말씀하신 바처럼 "아버지의 이름이 영화롭게" 되는 것이다.

한 가지 부연하자면 그리스도 안에 거하는 우리는 그리스도의 이름을 위해 자신을 온전히 쓰이게 할 수 있다. 다른 이의 이름으로 구하는 것은 그 다른 이가 나에게 기도할 권한을 주었기 때문에 그에게 구하는 것으로 간주된다. 그리스도인들은 종종 예수님의 이름과 그분의 특권을 생각하고 자기의 기도가 응답될 것을 믿어야 한다고 주장한다. 그러나 곧 그들은 예수님의 이름에 대한 믿음이 얼마나 적은지 통렬하게 깨닫게 된다.

그들은 온전히 예수님의 이름으로 살지 않고 있다. 기도할 때만 그 이름을 사용할 뿐이다. "내 이름으로 무엇을 구하든지 내가 행하리니"(요 14:13)라는 약속은 "무엇을 하든지 말에나 일에나 다 주 예수의 이름으로 하고"(골 3:17)라는 명령과 분리되어서는 안 된다. 그리스도의 이름을 완전히 내 뜻대로 소유할 수 있는 것은 내가 먼저 나 자신을 완전히 그분의 뜻대로 드려 그분이 언제든지 나를 온전히 사용할 수 있기 때문이다. 그분의 이름을 자신 있게 사용할 수 있는 권리와 힘을 갖는 것은 그리스도 안에 거하기 때문이다.

하나님은 그리스도에게 어떤 것도 거절하지 않으신다. 그리스도 안에 거함으로써 나는 그리스도와 하나 되어 아버지께로 나아간다. 그분의 의로움이 내 안에 있고, 그분의 성령이 내 안에 있으면 아버지는 내 안에서 아들을 보시고, 나의 구하는 것을 허락하신다. 많은 사람이 생각하듯 우리가 그리스도 안에 있지 않을지라도 하나님이 우리를 그리스도 안에 거하는 것으로 보시는 것은 죄의 전가 때문이 아니다. 하나님은 우리가 그리스도 안에서 살아가는 것을 보기 원하신다. 그렇게 함으로써 우리의 기도가 실제로 승리할 수 있는 힘을 갖는 것이다. 그리스도 안에 거하는 것은 기도를 바르게 할 수 있도록 뜻을 새롭게 할 뿐 아니라 그리스도께서 가진 모든 특권을 나에게 보장하시는 것이다.

다시 부연하건대 그리스도 안에 거하는 것은 응답을 얻을 수 있는 믿음을 준다. "너희 믿음대로 되라"(마 9:29). 이것은 하나님 나라의 법이다. "무엇이든지 기도하고 구하는 것은 받은 줄로 믿으라. 그리하면 너희에게 그대로 되리라"(막 11:24). 이 믿음은 말씀 속에서 얻으며 말씀에 뿌리를 두고 있지만 단순히 논리적인 결론을 훨씬 넘어서는 것이다. 하나님이 약속하셨기에 내가 얻을 수 있다. 영적인 행위로서 믿음은 우리 가운데 살아 있는 능력으로 거하는 말씀을 의지하고 있는 내면의 삶이 어떤 모습인가에 달려 있다.

기도와 금식 없이는, 겸손과 영적인 마음가짐 없이는, 전심어린 순종 없이는 살아 있는 믿음을 소유할 수 없다. 그러나 우리가 그리스도 안에 거하고, 그분과의 연합함을 의식하며, 그 연합을 가능하게 하고, 소원을 이루는 것이 얼마나 전적으로 그분에게 달려 있는지 깨닫는 순간 담대히 응답을 요구할 수 있다. 그리스도 안에 있다는 것을 믿음으로 알 수 있으며, 믿음의 열매로 하나님이 행하기로 약속하신 모든 것을 믿는 더 큰 믿음이 생겨나게 된다. 살아 있는 믿음은 깊고 조용하며 자신감 있는 확신의 기도를 배우게 한다. 우리는 구하는 바를 응답받게 될 것을 안다.

더 나아가 그리스도 안에 거함은 우리가 응답받을 수 있는 자리에 있게 한다. 어떤 그리스도인은 복을 받기 위해 간절히 기도한다. 그러나 하나님이 오셔서 그들에게 복을 주고자 찾으실 때 그들의 모습은 보이지 않는다. 그들은 축복이 구함으로만 오는 것이 아니라 기다림으로 오며 기도 가운데 얻을 수 있다는 사실을 생각하지 못한다. 그리스도 안에 거하는 것은 응답받는 자리에 있다는 것이다. 그리스도 밖에서의 응답은 위험한 것일 수 있다. 우리는 기도의 응답을 정욕으로 쓸 수 있다. "구하여도 받지 못함은 정욕으로 쓰려고 잘못 구하기 때문이라"(약 4:3).

영적인 은혜나 사역이나 타인을 축복할 수 있는 능력을 구하는 기도의 많은 풍성한 응답은 하나님이 우리에게 어떻게 그리스도를 허락하셨는지에 대한 더 넓은 경험의 모습으로만 올 수 있다. 그리스도 안의 충만함 가운데 주님 안에 거하는 것은 능력 있는 기도의 조건이다. 그 응답이 그리스도 안에 축적되어 있다가 주어지기 때문이다.

그리스도인이여, 그리스도 안에 거하라. 그곳은 강력하고 역사하는 힘이 많으며 응답받는 기도의 배움터이다. 그리스도 안에 거하라. 그러면 많은 사람이 신비롭게 여기는 것을 경험할 수 있다. 기도의 비밀은 그리스도 안에 거함으로만 얻어지는 믿음의 생명력이다.

주저 없이 주님의 사랑
안으로 들어가라

아버지께서 나를 사랑하신 것같이 나도 너희를 사랑하였으니 나의
사랑 안에 거하라. 요한복음 15:9.

"고마우신 주님, 우리의 눈을 여시어 이 놀라운 말씀의 영광을 바로
볼 수 있게 하소서. 우리의 묵상 중에 주님 사랑의 은혜의 방을 여
셔서 우리의 영혼이 그 안에 들어가게 하시고, 그곳에서 영원히 거
할 처소를 찾게 하소서. 그렇지 않고서는 지식을 넘어서는 사랑을
우리가 어떻게 알 수 있겠습니까?"

주님은 우리를 그분의 사랑 안에 거하도록 초대하기 전에 먼저 그
사랑이 무엇인지 말씀하셨다. 주님이 사랑에 대해 하신 말씀은 그

분의 초대에 힘을 더하여 그 사랑을 받아들이지 않고서는 견딜 수 없게 만든다. "아버지께서 나를 사랑하신 것같이 나도 너희를 사랑하였으니!"

"아버지께서 나를 사랑하신 것같이." 우리가 이 사랑을 어떻게 바르게 이해할 수 있겠는가? "주여, 우리를 가르치소서." 하나님은 사랑이시다. 사랑은 하나님 존재 그 자체이다. 사랑은 어떤 속성이 아니라 하나님의 본질이며 그분의 모든 영광스러운 속성 가운데 있는 핵심이다. 하나님이 사랑이시기 때문에 그분이 아버지가 되시고 아들 또한 존재한다. 사랑은 그 자신을 주기 위한 어떤 대상이 필요하다. 그 대상에게 자기를 다 내주고 그 대상과 함께 하나가 될 수 있다. 아버지의 아들에 대한 사랑은 아버지께서 아들을 기뻐하시며 하신 말씀에 나타난다. "너는 내 사랑하는 아들이라. 내가 너를 기뻐하노라"(막 1:11).

하나님의 사랑은 타오르는 불과 같다. 사랑은 그 모든 강렬함과 무한함 가운데 오직 한 가지 목적과 기쁨을 가졌는데, 그것은 독생자이다. 우리가 하나님의 속성을 모아 보면 그분의 무한성, 완전성, 광대함, 장엄함, 전지전능함 등 모든 것이 단지 그분의 사랑의 영광에서 나오는 광선임을 깨닫는다. 그러나 여전히 그 사랑이 어떠한 것인지 정확히 지각하지 못한다. 그것은 지식을 넘어서는 사랑이다. 그럼에도 하나님의 독생자에 대한 이 사랑은 예수님이 당신을 어떻게 사랑하시는지를 배우는 거울이 된다.

당신은 주께서 구원하신 자로 그분의 기쁨이다. 죽음보다 더 강하고 엄청난 양의 물로도 끄지 못하는 사랑에 대한 열망과 함께 주님의 모든 바람이 당신에게 있다. 그분의 마음은 당신과의 교제와 사랑을 구한다. 필요하다면 주님은 당신을 얻기 위해 다시 죽으실 수도 있다. 아버지께서 아들을 사랑하시고, 아들 없이는 살 수 없으며, 아들 없이는 축복할 수 없는 것같이 예수님은 당신을 사랑하신다. 예수님의 생명은 당신의 생명에 묶여 있다. 당신은 예수님께 당신이 알고 있는 것보다 더욱 귀중하고 없어서는 안 되는 존재이다. 당신은 예수님과 하나이다.

"아버지께서 나를 사랑하신 것같이 나도 너희를 사랑하였으니." 이 얼마나 큰 사랑인가! 그 사랑은 영원한 사랑이다. 하나님의 말씀이 가르치는 대로 이 세상의 근원이 생기기도 전에 그리스도는 교회의 머리가 되시고, 그분의 영광이 비추일 몸이 존재할 예정이었다. 그리스도는 아버지께서 자기에게 주신 사람들을 사랑했고 기다리셨으며, 이 땅에 와서 제자들에게 그들을 사랑한다고 말씀하셨다. 그 사랑은 이 세상이나 시간에 속한 사랑이 아니라 영원에 속한 사랑이었다. 그 영원한 사랑으로 예수님은 여전히 우리 한 사람 한 사람을 바라보시고 그분 안에 거하라고 말씀하신다. 그 사랑의 숨결이 어린 곳마다 영원한 능력이 있다. "내가 영원한 사랑으로 너를 사랑했다." 그것은 영원한 사랑이다. 그 사랑은 모든 것을 주고 아무것도 되돌려받지 않는다.

"아버지께서 아들을 사랑하사 만물을 다 그의 손에 주셨으니"
(요 3:35). 그리고 예수님이 자신에게 속한 사람을 사랑하시므로 자신이 가진 모든 것은 그들의 것이다. 필요하다면 자신의 보좌와 왕관도 당신에게 주실 수 있다. 예수님은 자기의 생명과 피를 당신에게 주어도 아깝다고 생각하지 않으신다. 그분의 의와 그분의 성령과 그분의 영광, 그리고 그분의 보좌까지 모두 당신의 것이다. 이 사랑은 아무것도 소유하지 않으며 아무것도 바라지 않지만 인간의 어떤 생각으로도 헤아릴 수 없는 방법으로 자기를 당신과 하나로 만든다. 오, 놀라운 사랑이여! 아버지께서 아들을 사랑하신 것같이 우리를 사랑하시고, 그 사랑으로 우리가 날마다 거할 수 있는 처소를 마련해주신다.

그것은 가장 온화하고 부드러운 사랑이다. 아들에 대한 아버지의 사랑을 생각할 때 우리는 아들 안에서 모든 것이 그 사랑에 영원히 합당하다는 사실을 깨닫는다. 우리를 향한 그리스도의 사랑을 생각할 때 우리에게 나타난 것은 죄와 무가치함밖에 없다. 그때 이러한 질문이 떠오른다. 하나님의 생명과 그 완전한 품 안에 있는 사랑을 어떻게 죄인들을 향한 사랑과 비교할 수 있을까? 그 사랑은 정말 같은 것일까? 하나님께 감사하리로다. 우리는 그렇다는 사실을 안다. 사랑의 본질은 그 대상이 얼마나 다르건 항상 똑같다. 그리스도는 하나님이 자기를 사랑하셨던 그 사랑 외에 다른 사랑의 법을 알지 못하신다.

예수 그리스도는 가장 다정한 연민을 가지고 우리의 약함을 굽어보시고, 측량할 수 없는 인내로 우리의 더딘 깨달음을 참으시며, 가장 온화하고 친절한 사랑으로 우리의 두려움과 어리석음을 대하신다. 그 겸손함으로 더욱 아름답고 영광스러운 하나님의 사랑은 우리의 필요에 대해 세밀하게 응답하시는 아버지의 아들에 대한 사랑이다. 그리고 그것은 변하지 않는 사랑이다. "세상에 있는 자기 사람들을 사랑하시되 끝까지 사랑하시니라"(요 13:1). "산들이 떠나며 언덕들은 옮겨질지라도 나의 자비는 네게서 떠나지 아니하며"(사 54:10).

우리의 영혼에서 일을 시작하는 약속의 말씀은 이것이다. "내가 네게 허락한 것을 다 이루기까지 너를 떠나지 아니하리라"(창 28:15). 죄로 말미암은 우리의 비참한 상태가 처음으로 사랑을 우리에게 이끌었던 것처럼 우리를 자주 두렵게 하고 의심하게 하는 죄는 우리를 사랑에 더욱 단단히 묶는 새로운 동기가 된다. 왜 그런가? 우리는 이 말씀밖에 달리 이유를 찾을 수 없다. "아버지께서 나를 사랑하신 것같이 나도 너희를 사랑하였으니."

그러면 이제 이 사랑이 우리가 온전히 자신을 그리스도께 드릴 수 있는 동기와 그 방법과 수단을 주는 것에 관해 알고 싶지 않은가? 이 사랑은 분명히 동기를 제공한다. 이 사랑의 기도와 간구가 어떤지 보라. 십자가에 못 박힌 사랑의 신령한 모습과 영원한 영광과 천국의 아름다움과 부드럽게 간구하는 목소리를. 그 사랑은 못 박힌 손을 내밀며 말하고 있다. "오, 내 안에 머물러다오. 와서 내 안에 거하지 않겠느냐?" 그것은 당신을 찾아와서 사랑의 영원함으로 안내하고 있다. 그것은 당신을 십자가로 인도하고 당신을 얻기 위해 그 사랑의 진실성을 입증한다.

당신이 주저 없이 그분의 품 안에 안기기만 하면 그것은 당신과의 모든 약속을 떠올려준다. 지금까지는 그분 안에 거하려고 왔지만 그 축복을 받는 것이 당신의 힘으로 잘되지 않았다. 그러나 이제 하나님의 권능으로 사람의 생각을 넘어서는, 표현할 수 없는 온화한 목소리가 들려온다. "영혼아, 아버지께서 나를 사랑하신 것같이 나도 너희를 사랑하였으니 나의 사랑 안에 거하라." 그 초대에는 틀림없이 한 가지 응답만이 있을 수 있다. "주 예수 그리스도여, 내가 여기 있나이다. 지금부터 당신의 사랑은 내 영혼의 유일한 본향입니다. 당신의 사랑 안에서만 제가 거하겠나이다."

그 사랑은 우리가 그 안에 거하기 위해 자신을 드리게 하는 동기를 보여줄 뿐 아니라 방법을 가르쳐준다. 사랑은 모든 것을 주고 모든 것을 요구한다. 우리에게 준 것을 받기 위해서가 아니라 이 방법이 아니고는 우리를 충만하게 채울 수 없기 때문이다. 아버지와 아들의 사랑도 그러하고 우리를 향한 예수님의 사랑도 그러하다. 우리가 주님 안에 거하기 위해 예수님의 사랑 안으로 들어갈 때도 그러해야 한다. 우리가 그 안에 들어가기 위한 순복은 그 사랑이 우리에게 순복한 정도와 같아야 한다.

오, 우리를 부르는 그 사랑이 얼마나 무궁한 풍성함과 충만한 기쁨을 주는가? 그것을 위해 우리가 포기한 것은 이생에서 백배나 더 받을 것이다. 그 사랑은 그 높이와 깊이와 길이와 넓이에서 우리의 지식을 넘어선다. 내가 무엇을 희생했다거나 어떻게 순복했는가에 대한 모든 생각은 사라지고, 우리의 영혼은 그 사랑을 받으며, 그 안에 영원히 거할 수 있게 되었다는 형용할 수 없는 경이감으로 가득 찰 것이다.

다시 의심이 들어 '내가 그리스도의 사랑 안에 항상 거하는 일이 가능한가?'라는 의문이 생긴다면 그 사랑이 그리스도 안에 거하는 유일한 방법을 무엇이라고 일러주는지 귀 기울여보라. 우리가 그 사랑 안에 늘 거하도록 하는 것은 그 사랑에 대한 믿음이다. 그 사랑이 정말로 그리 강력하고 신성하며 타오르는 열정과 같은 것이라면 나는 분명히 나를 지키고 굳게 붙드는 사랑을 의지할 수 있다. 그러면 실로 나의 모든 무가치함과 약함도 어떤 방해물이 될 수 없다. 이 사랑이 정말로 그토록 신성하고 무한한 능력을 가지고 있어 아무 제약 없이 자유로이 쓸 수 있다면 나는 분명히 나의 약함보다 더 강한 그 사랑을 신뢰할 것이다. 사랑이 그 전능한 팔로 나를 그의 가슴에 단단히 품어 더 이상 밖에서 고통받게 두지 않을 것이다.

나는 왜 이것이 하나님이 내게 유일하게 요구하신 것인지 안다. 하나님은 나를 이성적인 존재로 인정하시고 의지와 선택이라는 놀라운 능력을 부여하셨다. 하나님은 이 모든 축복을 내게 강요하지 않으시고 그분의 마음에 기꺼이 동의하기까지 기다리신다. 그리고 그 동의함의 증표로서 그분의 위대한 인자하심으로 믿음을 명하셨다. 그 믿음으로 극악한 죄도 사랑의 팔에 안기면 구원받을 수 있고 극도의 약함도 강해질 수 있다.

주님처럼 하나님의
사랑 안에 머물라

아버지께서 나를 사랑하신 것같이 나도 너희를 사랑하였으니 나의 사랑 안에 거하라. 내가 그의 사랑 안에 거하는 것같이. 요한복음 15:9-10.

예수님은 제자들에게 자신 안에 거하는 것은 자신의 사랑 안에 거하는 것이라고 가르치셨다. 고난의 시작이 다가와서 그분은 제자들에게 많은 것을 말씀하실 수는 없었다. 제자들은 분명히 그리스도와 그분의 사랑 안에 거하는 것에 관해 많은 의문이 있었을 것이다. 예수님은 그들의 이런 물음을 예상하시고 그 소원을 들어주셨다. 그리고 그분의 명령에 대한 최고의 모범으로써 자신의 생명을 주셨다. 그들은 예수님의 사랑 안에 거하는 법의 본보기로 주님이 아버지의 사랑 안에 거하는 모습을 보았다. 성부와 성자의 연합을 볼 때 그들과 예수님의 연합은 분명해질 것이다. 아버지 안에 있는 예수님의 생명은 예수님 안에 있는 그들의 생명의 법이다.

이 생각이 너무나 고상해서 우리 마음속에 품기 어려울 수 있지만 그것은 감히 등한시할 수 없으리만치 말씀 가운데 분명히 나타난다. 요한복음 6장에서 읽지 않았는가? "살아계신 아버지께서 나를 보내시매 내가 아버지로 말미암아 사는 것같이 나를 먹는 그 사람도 나로 말미암아 살리라"(요 6:57). 주님의 기도에서도 이는 매우 분명히 나타난다. "내게 주신 영광을 내가 그들에게 주었사오니 이는 우리가 하나가 된 것같이 그들도 하나가 되게 하려 함이니이다"(요 17:22). 그리스도와 성부와의 연합의 축복과 성부 안에 있는 생명은 우리가 그리스도 안에 거하는 삶의 모습과 기대의 유일한 법칙이다.

먼저 아버지 안에 있는 그리스도의 생명의 기원에 대해 알아보자. 아버지와 아들은 하나였다. 하나의 생명이 있고 사랑 안에서 하나이다. 바로 여기에 그리스도와 아버지의 연합의 근원이 있다. 그리스도는 이 땅 위에서 살 때도 아버지와 하나임을 아셨다. 아버지의 생명이 그의 안에 거했으며 아버지의 사랑이 그에게 머물렀다. 이를 알지 못하고 아버지와 그의 사랑 안에 거하는 것은 궁극적으로 불가능하다. 또한 이것을 근거로 하여 당신은 그리스도와 그분의 사랑 안에 거할 수 있다.

당신이 그분과 하나 됨을 알라. 본성적으로 하나이다. 그리스도는 이 땅 위에서 태어나심으로써 인간이 되셨고, 당신과 같은 본성을 지녔기에 당신과 하나가 될 수 있었다. 당신이 새롭게 거듭남으로써 당신은 그분과 하나가 되었고, 그분이 가진 신성한 성품에 참여할 수 있게 되었다. 당신을 그분과 엮는 끈은 실제적이고, 그분을 아버지께 엮은 끈만큼이나 단단하다. 그것은 거룩한 생명의 연합이므로 영원한 사랑의 연합이다.

예수님은 이 땅 위에서 겸손히 사신 날 동안 자신이 영원한 사랑의 대상이고, 그 안에 항상 거한다는 사실을 아는 것으로부터 축복과 능력을 맛보았다. 그리스도께서 보여주신 모습은 우리에게 안식과 기쁨의 비밀을 알려준다. 당신이 그리스도와 하나 되는 것이다. 지금 그리스도의 사랑에 자신을 드리고, 마음과 눈을 열어 사방에서 당신에게 비추는 사랑을 느끼라. 그분의 사랑 안에 거하라. 그런 후에 당신의 생명의 법칙이 되는 아버지와 아들의 사랑 안에 거하는 방법을 생각해보라. "내가 아버지의 계명을 지켜 그의 사랑 안에 거하는 것같이"(요 15:10).

예수님의 삶은 철저히 하나님을 의존하고 하나님께 순종하는 삶이였으나 가장 복되었다. 우리의 본성이 가진 오만한 자신감에 예수님의 순종과 의존함은 진정한 겸손과 종 됨의 모습을 제안한다. 하나님의 아들이 나타낸 사랑의 삶 가운데 의존과 순종은 그가 우리에게 권고하는 삶이며 축복의 비밀이다. 하나님의 아들은 모든 것을 아버지께 내드림으로 인한 상실감을 두려워하지 않으셨다. 아버지께서 그를 사랑하고 그 사랑하는 아들에게 모든 관심이 있음을 아셨기 때문이다. 그분이 아버지께 온전히 의존하는 만큼 아버지께서 가진 모든 것을 사용할 수 있음을 아셨다. 그러므로 "아들이 아버지께서 하시는 일을 보지 않고는 아무것도 스스로 할 수 없나니 아버지께서 행하시는 그것을 아들도 그와 같이 행하느니라"(요 5:19)고 하셨다.

그리고 이에 덧붙여 말씀하셨다. "아버지께서 아들을 사랑하사 자기가 행하시는 것을 다 아들에게 보이시고"(요 5:20). 그리스도의 이 모습을 자신의 삶의 방법과 약속으로 따르는 자는 "나를 떠나서는 너희가 아무것도 할 수 없음이라"(요 15:5)는 말씀이 "내게 능력 주시는 자 안에서 내가 모든 것을 할 수 있느니라"(빌 4:13)는 말씀의 전조에 지나지 않음을 깨닫는다. 우리는 약한 것을 영광스럽게 생각하고 그리스도를 위해 궁핍과 고통 가운데 기뻐할 수 있다. "내가 약한 그때에 강함이라"(고후 12:10).

많은 그리스도인이 자신의 약함을 이야기하면서 거기에 머무르는 데 만족하지만, 우리는 그리스도로부터 자기를 비우고 자기의 뜻을 모두 버리는 것이 우리의 모든 소망과 뜻을 이루는 가장 확실한 길임을 배웠기에 더 높이 날아오를 수 있다. 의존함과 복종과 자기를 버리는 것은 그리스도와 마찬가지로 그리스도인에게도 가장 축복된 삶의 방법이다. 그리스도께서 아버지 안에서 아버지로 말미암아 사셨던 것처럼 믿는 자는 그리스도 안에서 그리스도로 말미암아 산다.

아버지의 사랑 안에 있는 그리스도의 이 삶의 영광에 대해 생각해보라. 주님이 자신을 온전히 아버지의 뜻과 영광에 드렸기에 아버지는 그에게 영광과 존귀의 면류관을 씌우셨다. 하나님은 그리스도를 자신의 유일한 대변인으로 세우셨고 그의 능력과 권위의 참여자로 삼으셨다. 아버지는 아들을 자신의 영광의 보좌에 함께 앉게하셨다. 그러므로 그리스도의 사랑 안에 거하는 자도 그와 함께 같은 영광을 누릴 것이다. 우리가 자기 자신과 모든 관심을 그분의 사랑에 기꺼이 맡기면, 그리고 우리가 뜻하는 모든 것과 얻으려고 하는 것을 버리고 믿음으로 만사를 주께 절대적으로 의존하기를 고백하고 행하면, 또 우리가 주 안에서 사는 삶만을 만족으로 여기면 그리스도께서 우리를 위해 아버지께서 자기에게 행하신 일을 행하실 것이다. 주님은 자기의 영광을 우리에게 주실 것이다.

예수님의 이름이 우리 안에서 영광을 받으며 우리가 그분 안에서 영광을 받게 된다(살후 1:12). 예수님은 그의 참되고 귀한 대변인으로 우리를 인정하실 것이다. 우리에게 그분의 능력을 맡기시고, 교회와 세상에서 그분의 법칙을 시행할 중개자로 허락하시며, 그분의 모사로 세우실 것이다. 우리를 그분의 권능의 도구로 삼으사 세상에 대한 그분의 영향력을 나타내실 것이다. 그분의 성령이 거하실 것이며 그 거룩한 일을 행할 도구로 삼으실 것이다. 그리스도의 사랑 안에 거하는 자는 그리스도께서 아버지 안에 거하는 것과 같은 축복된 사랑의 삶을 살 것이다.

성도여, 그리스도의 사랑 안에 거하라. 그리스도와 아버지의 관계를 묵상해보고 이를 취하여 당신이 얻을 수 있는 관계의 보증으로 삼으라. 아버지 안에서 아들의 삶이 복되고 능력 있었으며 영광스러웠던 것처럼 아들 안에 있는 당신의 삶도 그럴 수 있다. 성령 안에서 믿음으로 가르침을 받아 얻은 이 진리는 그리스도 안에 거하는 것이 하나의 부담이자 큰 짐이라 여기는 두려움의 모든 흔적까지 없앨 수 있다. 아버지 안에 있는 예수 그리스도의 생명의 빛으로 당신은 그분과 연합하여 복된 안식을 얻고 기쁨과 힘을 넘치게 받을 수 있다. 그리스도의 사랑은 강력하며 우리를 구원하고 지키며 만족하게 하는 사랑이다. 그 사랑 안에 거하기 위해서 예수님이 아버지의 사랑 안에 거하실 때처럼 우리가 어떻게 행해야 하는 것이 절대 아니라는 사실은 매우 위대한 가르침이 아닐 수 없다. 그것은 내면의 생명이 자발적으로 흘러넘치는 결과이고 위로부터 말미암은 사랑의 내주하심이 일하는 것이다.

우리가 해야 할 유일한 일은 시간을 들여 그리스도 안에서 우리에게 주어진 이 사랑의 신령한 모습을 연구하는 것이다. 우리의 영혼은 지속적으로 하나님을 향해 있어 하늘로부터 빛이 비출 때까지 아버지 안에 있는 그리스도의 삶을 바라보면 우리의 사랑하는 주님

예수님을 깊이 경험하라

이 부드럽게 그의 제자들에게 친히 가르치시는 속삭임이 들려올 것이다. 내 영혼아, 잠잠히 귀 기울이라. 모든 생각을 멈추고 당신의 마음속에 들리는 말씀에 귀 기울이라. "나의 자녀야, 아버지께서 나를 사랑하심 같이 내가 너를 사랑한다. 내가 아버지의 사랑 안에 거함 같이 나의 사랑 안에 거하라." 이 땅 위에서 우리의 삶은 주님 안에 있을 때 하나님 안에 있는 주님의 삶과 완벽한 짝이 된다.

'이런 삶은 나에게 너무 높아서 진짜로 이루어질 수 있을까?' 이런 생각이 들 때면 우리가 받은 특권이 하나님께서 보여주신 그리스도의 특권만큼이나 확실함을 기억하라. 그리스도는 이 땅 위에서 하나님의 계시였다. 가장 완벽한 연합이 없었다면, 아버지께서 가진 모든 것이 아들에게도 속함이 아니라면 그것은 불가능할 것이다. 그러나 아버지께서 아들을 사랑하사 그 사랑 안에 아들이 거하기에 이것은 가능하다. 성도는 이 땅 위에서 그리스도의 계시이다. 이는 완전한 연합이 있기에 가능하다. 그리하여 세상은 그리스도께서 자기 백성들을 사랑하여 이 땅 위에 보낸 것을 알 수 있다. 그리스도께서 자기 자신과 모든 소유까지 주시는 무한한 사랑으로 그들을 사랑하기에 그들은 그 사랑 안에 거할 수 있다.

계명을 지켜 오롯이 주님 안에 거하라

내가 아버지의 계명을 지켜 그의 사랑 안에 거하는 것같이 너희도 내 계명을 지키면 내 사랑 안에 거하리라. 요한복음 15:10.

이 말씀은 성도의 삶 속에서 선한 일이 이루어지고 있는 곳이 어디 인지를 분명히 가르쳐준다. 사랑받는 아들은 아버지의 사랑 안에 있었다. 예수님은 아버지의 계명을 지켰으므로 아버지의 사랑 안에 거하셨다. 그러므로 성도는 아무 노력 없이 예수 그리스도를 받아 그분 안에 거한다. 성도는 계명을 지켜서 그분의 사랑 안에 거하는 것이다. 죄인이 그리스도께로 갈 때 스스로 무엇을 행함으로 구원 을 받으려 하면 이런 음성이 들릴 것이다. "행위에서 난 것이 아니니"(엡 2:9). 복음은 그 목소리를 높이 낸다. "그리스도 예수 안에서 선한 일을 위하여 지으심을 받은 자니"(엡 2:10).

그리스도 밖에 있는 죄인에게 행위는 그를 그리스도와 연합하게 하는 데 있어서 가장 큰 방해요인이 될 수 있다. 그러나 그리스도 안에 있는 성도에게 행위는 믿음을 온전하게 하는 힘이자 축복이다. 그리스도와의 연합은 견고해지고 그 영혼은 그리스도의 사랑 안에 세워지며 더욱 깊이 뿌리가 박히는 것이다. "사람이 나를 사랑하면 내 말을 지키리니 내 아버지께서 그를 사랑하실 것이요"(요 14:23). "너희도 내 계명을 지키면 내 사랑 안에 거하리라"(요 15:10).

계명을 지키는 것과 그리스도의 사랑 안에 거하는 것의 상관관계는 이제 쉽게 이해된다. 우리와 예수 그리스도와의 연합은 지식적이거나 감정적인 일이 아니라 마음과 생명의 실제적이고 생생한 연합이다. 예수님의 감정과 성품과 함께 거룩한 생명이 성령에 의해 우리 안으로 불어온다. 성도의 소명은 예수님의 생각과 감정과 의지와 같이 생각하고 느끼고 뜻하는 것이다. 예수님은 우리가 하나님의 은혜뿐 아니라 거룩함의 참여자가 되기를 바라신다. 그분은 은혜의 백미는 거룩함이라고 보신다. 그리스도처럼 살아간다는 것은 자아의 삶으로부터 벗어나는 것이다. 그리스도의 뜻은 자기의 악한 자아의 종살이로부터 해방되는 유일한 길이다.

무감각하거나 나태한 성도에게 성경의 약속과 계명 사이에는 커다란 차이가 존재한다. 그에게 하나님의 약속은 위로와 양식이 된다. 그런데 진정으로 그리스도의 사랑 안에 거하기를 원하는 성도는 계명도 그만큼 귀중하게 여긴다. 하나님의 약속만큼 그분의 계명도 하나님의 사랑의 표현이고, 신령한 삶의 깊은 경험으로 인도하고 주님과 더 가깝게 연합하는 길의 복된 조력자이다. 그것을 아는 자는 우리의 뜻과 하나님의 뜻과의 조화가 어떻게 하나님과 교제하는 주요한 방법이 되는지 목격한다. 그 뜻은 사람에게서와 마찬가지로 하나님의 중심이 되는 능력이다. 하나님의 뜻은 자연적인 세계와 영적인 세계를 모두 다스리는 힘이다. 그분의 뜻 안에서 기뻐하지 않고 어떻게 그분과의 교제가 있을 수 있겠는가?

죄인에게 있어서 구원은 개인의 안전에 지나지 않는다고 여기면서 하나님의 뜻을 행하는 것에 대해 관심이 없거나 두려워할 수 있다. 그러나 성경과 성령으로 하나님과의 교제를 회복하는 것과 그분과 하나 되는 것을 배울 때 그리스도의 계명을 지키는 것이 그리스도의 사랑 안에 거하는 가장 자연스럽고도 아름다운 길이라 여기게 될 것이다. 사랑의 주님이 아버지와 아들을 성도에게 나타내시고 성령을 부어주셔서 그분의 계명을 지키도록 인도하실 것이다(요 14:15-16, 21, 23).

우리가 더 깊은 영적인 식견을 가지고 이 진리를 더욱 기꺼이 받아들이게 하는 것이 또 있다. 그것은 그리스도께서 아버지의 사랑 안에 거할 수 있게 한 바로 그 방법이다. 그리스도께서 이 땅 위에서 살아간 방식 가운데 순종은 매우 엄숙한 실재였다. 인간으로 하여금 하나님을 저버리게 하는 어둡고 두려운 권세가 그리스도에게도 다가와서 그분을 시험했다. 인간으로서 예수님에게 자기만족의 시험은 무시할 만한 것이 아니었다. 예수님은 그것을 물리치기 위해 금식하고 기도하셔야 했다. 그리스도는 고난을 당하고 시험을 받으셨다. 그리고 그분은 자신의 뜻을 구하려 하지 않고 하나님의 뜻에 지속적으로 순종할 것을 분명히 말씀하셨다.

예수님은 아버지의 계명을 지키는 것을 생의 분명한 목적으로 삼으셨고 아버지의 사랑 안에 거하셨다. 예수님이 말씀하셨다. "내가 스스로 아무것도 하지 아니하고 오직 아버지께서 가르치신 대로 이런 것을 말하는 줄도 알리라. 나를 보내신 이가 나와 함께 하시도다. 나는 항상 그가 기뻐하시는 일을 행하므로 나를 혼자 두지 아니하셨느니라"(요 8:28-29). 이렇게 예수님은 우리에게 이 땅 위에서 천국의 사랑 안에 살아가는 복된 삶의 길을 열어주셨고, 우리의 포도나무로서 그분의 성령을 가지를 통해 흘러 보내셨다. 계명을 지키는 것이야말로 그분이 주시는 생명의 가장 분명하고도 숭고한 증거이다.

성도여, 예수님 안에 거하려거든 그분의 계명을 주의하여 지키라. 그 계명을 당신의 마음으로부터 사랑하라. 계명을 성경 말씀에 나오는 참고사항으로 여기지 말고, 묵상과 기도를 통해 주의 깊게 연구하며, 즐겁게 받아들여 성령의 가르침으로 말미암아 육의 심비에 새기라. 대부분의 그리스도인들이 계명을 평범하게 받아들이고 아예 무관심하며 무지한 채로 있지만 당신은 지식적으로 계명을 알고 있다고 해서 만족하지 말라. 당신은 물론 신약의 은혜 안에 있으므로 "내가 범사에 모든 주의 법도들을 바르게 여기고"(시 119:128)라고 열심히 고백하는 구약 성도에 뒤처지려고 하지 않을 것이다.

당신이 아직 이해하지 못한 주님의 뜻이 많이 있음을 기억하라. 골로새인들을 향한 바울의 기도를 가지고 당신과 모든 성도를 위해 기도하라. "너희로 하여금 모든 신령한 지혜와 총명에 하나님의 뜻을 아는 것으로 채우게 하시고"(골 1:9). 에바브라가 성도들을 위해 "하나님의 모든 뜻 가운데서 완전하고 확신 있게 서기를"(골 4:12) 애써 기도한 본을 받으라. 당신을 향한 하나님의 뜻에 대한 깊은 통찰은 영적인 성장의 위대한 요소 가운데 하나이다. 온전한 헌신이 끝이라고 생각하지 말라. 그것은 단지 진정으로 거룩한 삶을 위한 시작에 불과하다.

사도 바울이 성도들에게 자기 몸을 제단 위에 거룩한 산 제물로 바치라고 한 후에 즉시 산 제물의 삶이 어떤 것인지 가르쳤다. "오직 마음을 새롭게 함으로 변화를 받아 하나님의 선하시고 기뻐하시고 온전하신 뜻이 무엇인지 분별하도록 하라"(롬 12:2). 성령께서 지속적으로 그리스도를 닮도록 이끌고 거룩한 분별력이라는 영적인 지각을 갖게 하신다. 이는 '여호와를 경외함으로 총명해진' 섬세한 능력으로, 평범한 그리스도인에게는 숨겨진 방법으로 주님의 계명을 일상에서 이해하고 적용하는 방법이다.

이 지각을 당신에게 충분히 머무르게 하고 당신의 마음속에 감추어 두면 "오직 여호와의 율법을 즐거워하여 그의 율법을 주야로 묵상"(시 1:2)하는 축복을 맛보게 될 것이다. 당신의 존재 중심에 사랑이 하늘로부터 내려온 신령한 양식처럼 스며들어올 것이다. 율법은 더 이상 당신을 대항하여 당신 밖에 서 있는 법칙이 아니라 당신의 주께서 원하시는 모든 뜻과 당신의 뜻이 조화되게 하는 강력한 능력으로 자리 잡을 것이다.

그리고 계명을 순종하여 지키라. 당신은 아무리 사소한 죄 하나라도 더 이상 용납할 수 없다는 엄숙한 맹세를 하지 않았는가? "주의 의로운 규례들을 지키기로 맹세하고 굳게 정하였나이다"(시 119:106). 하나님의 모든 뜻 가운데 완전하고 확신 있게 서 있기 위해 기도에 힘쓰라. 하나님의 뜻과 온전한 조화를 이루지 못하는 모든 은밀한 죄를 깨닫게 하시기를 간구하라. 당신이 가진 빛을 따라서 주께서 말씀하신 모든 것에 주저 없이 자신을 굴복하며 성실한 순종으로 따라가라.

이스라엘 백성들은 하나님의 말씀을 다 준행할 것을 맹세했지만 곧 어기고 말았다. 새로운 언약은 그 맹세를 할 수 있을 뿐 아니라 지킬 수 있는 은혜도 준다. 사소한 것일지라도 불순종하지 않도록 조심하라. 불순종은 양심을 둔하게 하고 영혼을 어둡게 만들며 우리의 영적인 활력을 소멸시킨다. 그러므로 그리스도의 명령을 확실하게 준행하라. 지휘관의 명령 외에는 아무것도 구하지 않는

병사가 되라.

계명들이 지키기에 너무 힘들다고 생각되면 누구의 계명인가를 기억하라. 그것은 당신을 사랑하시는 분의 계명이다. 그 계명은 모두 사랑이다. 그분의 사랑으로부터 와서 그분의 사랑으로 이끈다. 그 계명들을 새로이 지킬 때마다, 그것을 지키기 위해 희생할 때마다 주님의 뜻과 영과 사랑으로 더 깊이 연합한다. 두 배의 보상이 주어질 것이고, 그분의 사랑의 신비 가운데 더 온전히 들어갈 것이며, 그분의 복된 삶과 더 일치될 것이다. 당신은 이 말씀을 가장 귀중한 보배로 간직할 것이다. "내가 아버지의 계명을 지켜 그의 사랑 안에 거하는 것같이 너희도 내 계명을 지키면 내 사랑 안에 거하리라"(요 15:10).

온전히 연합할 때
기쁨이 충만해진다

내가 이것을 너희에게 이름은 내 기쁨이 너희 안에 있어 너희 기쁨을 충만하게 하려 함이라. 요한복음 15:11.

그리스도 안에 충만하게 거하는 것은 매우 숭고하고 행복한 삶이다. 그리스도께서 우리의 영혼을 완전히 소유하면 할수록 우리의 영혼은 주님의 기쁨 가운데 깊이 들어가게 된다. 그리스도께서 가진 기쁨인 천국의 기쁨은 우리의 영원한 몫이자 기쁨이 된다. 이 땅 위의 포도나무가 그 열매와 연결된 어느 곳에나 기쁨이 있듯 기쁨은 천국의 포도나무이신 그리스도 안에 온전히 거하는 성도의 삶에서 기본적인 특징이다.

우리는 기쁨이 갖는 가치를 알고 있다. 기쁨만이 우리의 마음이 진정으로 충족되었다는 증거이다. 의무나 이기심, 또는 다른 동기가 나에게 영향을 주지 않는 한 인간은 자신이 추구하는 것이나 소유하는 것의 목적이 진정으로 가치가 있는지 알 수 없다. 그러나 그것이 나에게 기쁨을 주고 내가 그것으로 즐거워할 수 있다면 그것은 보화와 같은 것이다. 그러므로 기쁨만큼 매력적인 것은 없다.

어떤 설교도 마음의 눈을 즐겁게 하는 것만큼 설득적이지 못하다. 그러므로 기쁨은 그리스도인의 품성에서 큰 비중을 차지한다. 하나님의 기쁨이 인생의 모든 시련을 극복할 때 인간은 곧 하나님의 사랑과 축복의 실재를 증명하는 기쁨의 힘을 느끼게 된다. 그리스도인 자신의 행복을 위해서도 기쁨은 반드시 필요하다. 주님의 기쁨은 우리의 힘이다. 신뢰와 용기와 인내는 기쁨에서 그 활력을 얻는다. 기쁨으로 충만한 가슴은 어떤 일에도 지치지 않으며 어떤 부담감에도 눌리지 않는다. 하나님이 친히 힘과 노래가 되신다.

성경에서 그리스도 안에 거하는 기쁨에 관해 무엇이라고 말하는지 들어보자. 그리스도는 우리에게 그분의 기쁨인 '내 기쁨'을 약속하셨다. 포도나무 비유가 주님 안에서 그리스도의 제자들이 가져야 할 삶의 모습을 보여주었다면 기쁨은 주님의 부활의 생명에 관한 것이다. 이는 우리 주님의 다른 말씀을 통해 분명히 나타난다. "내가 다시 너희를 보리니 너희 마음이 기쁠 것이요 너희 기쁨을 빼앗을 자가 없으리라"(요 16:22). 결코 쇠하지 않는 생명의 권능이 부활과 그 영광에서 시작되고 그 삶 안에서 결코 중단 없는 기쁨이 일어난다. "왕의 하나님이 즐거움의 기름을 왕에게 부어 왕의 동료보다 뛰어나게 하셨나이다"(시 45:7). 이 말씀은 영생의 삶으로 말미암아 성취된다.

그리스도께서 면류관을 받는 날은 우리의 마음에 기쁨이 충만한 날이다. 그분의 기쁨은 모든 일을 완전하게 마친 기쁨이자 아버지의 품에 다시 안기는 기쁨이며 영혼들을 구원한 기쁨이다. 그분 안에 거하는 자들은 이 기쁨에 참여하게 된다. 성도는 주님의 승리와 완전한 구원을 온전히 누린다는 믿음으로 영원한 승리자의 노래를 부를 수 있다. "항상 우리를 그리스도 안에서 이기게 하시는 하나님께 감사하노라"(고후 2:14 참조). 그 열매는 하나님의 사랑 가운데 아무런 방해 없이 거하는 기쁨이다. 그리스도와의 연합이 깨어지지 않는 한 어떤 먹구름도 가로막을 수 없다. 그리고 아버지의 사랑 안에 거하는 이 기쁨을 가지고 잃어버린 자들을 향해 나아가는 사랑의 기쁨을 맛보게 된다.

그리스도 안에 거하고, 그분의 생명과 마음 깊이 침투해 들어가서, 가장 완전한 하나 됨을 구하는 것, 이 세 가지 기쁨의 물줄기가 우리의 마음 가운데 흘러 들어온다. 우리가 뒤를 돌아봐서 그분이 하신 일들을 보든지, 위를 보고 지식을 넘어서는 아버지의 사랑 안에서 주님이 가진 상급을 보든지, 아니면 죄인들이 주님의 품으로 돌아오는 지속적인 기쁨을 보든지 간에 그분의 기쁨은 우리의 것이 된다. 우리의 발을 십자가에 두고, 우리의 눈은 하나님의 눈을 바라보며, 우리의 손은 죄인들을 본향에 데려오는 일을 할 때 우리는 주님의 기쁨을 우리의 것으로 갖게 된다.

또한 우리 주님은 그리스도 안에 거하는 이 즐거움이 절대 중단되거나 한순간도 방해받지 않는 기쁨이라고 말씀하신다. "내 기쁨이 너희 안에 있어"(요 15:11). "너희 기쁨을 빼앗을 자가 없으리라"(요 16:22). 이를 잘 이해하지 못하는 그리스도인이 많다. 그리스도인의 삶에 대한 그들의 생각은 기쁨과 슬픔이 교차하는 변화의 연속이라는 것이다. 그리고 슬픔과 눈물과 고난이 얼마나 많은지에 대한 증거로 사도 바울과 같은 사람의 경험을 말한다. 그들은 바울이 끊이지 않는 기쁨의 명백한 증인이라는 사실을 깨닫지 못하기 때문에 그렇다.

바울은 이 땅 위에서 모든 고통의 순간과 하늘의 모든 기쁨의 순간이 동시에 조화되는 그리스도인의 삶의 역설을 알고 있었다. "근심하는 자 같으나 항상 기뻐하고"(고후 6:10). 이 귀중한 금언은 그리스도의 기쁨이 어떻게 이 세상의 슬픔을 압도하여 우리가 슬플 때 노래하게 하고, 절망과 고통으로 내몰릴 때도 마음 깊이 영광으로 가득한 말할 수 없는 기쁨이 솟아오르게 하는지 가르쳐준다. 오직 한 가지 조건이 있다. "내가 다시 너희를 보리니 너희 마음이 기쁠 것이요 너희 기쁨을 빼앗을 자가 없으리라"(요 16:22). 예수님이 함께하심이 분명히 나타나는 한 기쁨만이 있을 뿐이다. 의식적으로 예수님 안에 거할 때 우리의 영혼이 어떻게 기뻐하지 않을 수 있겠는가? 죄로 인해서나 다른 영혼들 때문에 눈물 흘릴 때도 주님의 능력과 사랑이 구원해주실 것이라는 믿음으로 기쁨의 샘물이 솟아나온다.

주님은 우리 가운데 함께하는 그분의 기쁨이 충만하기를 원하신다. 그 충만한 기쁨 가운데 우리의 주님은 돌아가시기 전날 밤 세 번이나 말씀하셨다. 한번은 포도나무의 비유 가운데 있다. "내가 이것을 너희에게 이름은 내 기쁨이 너희 안에 있어 너희 기쁨을 충만하게 하려 함이라"(요 15:11). 주님의 포도나무에서 가지로 살아가는 놀라운 축복을 깊이 묵상할 때마다 그 말씀이 분명해진다.

다음으로 주님은 요한복음 16장 24절에서 기도의 응답에 관한 말씀으로 약속하셨다. "구하라. 그리하면 받으리니 너희 기쁨이 충만하리라." 영적인 마음에 응답받은 기도는 축복을 얻는 수단일 뿐 아니라 무한히 더 높은 의미가 있다. 바로 하늘에 계신 아버지와 아들과 교제하며 그들의 기쁨이 우리 안에 거하는 표시이다. 또한 아버지와 아들이 이 땅에 사는 자녀들의 길을 인도하실 때 우리도 목소리를 낼 수 있도록 인정되었음을 뜻한다. 그리스도의 사랑을 나누기 바라고, 그 사랑과 믿음의 행위에 보좌로부터 반응하는 것이 기도의 응답이라는 그 진정한 영적인 가치를 깨닫는 영혼들이 받는 기쁨은 말로 형용할 수 없다. "구하라. 그리하면 받으리니 너희 기쁨이 충만하리라"는 말씀이 증명되는 것이다.

마지막으로 주님은 대제사장의 기도에서 기쁨에 대해 말씀하셨다. "내가 세상에서 이 말을 하옵는 것은 그들로 내 기쁨을 그들 안에 충만히 가지게 하려 함이니이다"(요 17:13). 이 장면은 대제사장이 우리를 위해 하나님의 임재 가운데 들어가 우리의 모든 두려움과 의심의 원인을 제거하고 확신을 주며, 완전한 구원을 경험하게하는 영원한 생명의 능력 가운데 그분의 복된 사역을 행하고 기도하시는 모습이다.

요한복음 15장의 가르침에 따라서 그리스도 안에 거하는 완전한 기쁨을 소유하기 원하고, 요한복음 16장에 따라서 기도의 기쁨을 갖기 원하는 모든 성도가 요한복음 17장으로 전진하기 바란다. 그곳에서 예수님의 중보기도에 나타난 모든 놀라운 말씀을 듣고 그분의 기쁨이 충만하기를 바란다. 그 말씀을 들으며 지금도 하늘에서 끊임없이 우리를 위해 중보하시는 예수님의 사랑을 깨닫고 그분의 기도의 영광스러운 목적과 그 모든 간구가 때마다 이루어지는 것을 알면 그리스도의 기쁨이 우리 안에서 충만하게 될 것이다.

그리스도의 즐거움, 그분 안에 거하는 기쁨, 충만한 기쁨, 이 모든 것은 그리스도 안에 거하는 성도의 기업이다. 그런데 왜 이러한 기쁨이 우리의 마음을 이끄는 힘은 그토록 약한가? 그 이유는 단순히 인간이 비록 하나님의 자녀라도 그것을 믿지 않기 때문이다. 그리스도 안에 거하는 것을 삶에서 경험할 수 있는 가장 행복한 일이라고 보는 대신 자기부인과 슬픔의 삶이라고 여기기 때문이다. 그들은 자기부인과 슬픔이 그리스도 안에 거하지 않은 데 기인한 사실임을 깨닫지 못한다. 또한 밝고 복된 삶을 위해 주저 없이 자기를 드려 그리스도 안에 거했던 사람들에게 그 믿음이 현실로 나타나 주님을 소유할 수 있게 되었다는 사실도 알지 못한다. 온갖 어려움은 온전한 헌신과 그리스도와의 완전한 연합이 결여됨에서 비롯한다.

그리스도 안에 거하기를 구하는 하나님의 자녀여, 주님의 말씀을 기억하라. 주님은 포도나무 비유의 말씀을 마치실 때 이 귀한 말씀을 남기셨다. "내가 이것을 너희에게 이름은 내 기쁨이 너희 안에 있어 너희 기쁨을 충만하게 하려 함이라." 그 기쁨을 가지된 삶의 일부로서 주장하되 가장 먼저이거나 주요한 부분이 아니라 영혼의 모든 필요를 채우시는 그리스도의 공급하심에 대한 복된 증거로 삼으라. 행복하라. 기쁨을 연습하라. 저절로 기쁨이 생기고, 주님의 함께하심으로 말할 수 없이 즐거운 마음으로 가득할 때 하나님을 찬양하며, 그 기쁨을 유지하기를 구하라. 기쁨이 사라지고 당신이 바라는 만큼 즐거움이 생기지 않을 때에도 당신을 구속하신 하나님의 형용할 수 없는 은혜로 말미암아 하나님을 찬양하라. 그런 경우에도 이 말씀은 이루어진다. "너희 믿음대로 되라"(마 9:29).

당신이 예수님 안에 있는 다른 모든 은사를 구할 때에도 당신 자신을 위해서가 아니라 그리스도와 하나님의 영광을 위해서 예수님의 즐거움이 당신 안에 거하기를 함께 구하라. "내 기쁨이 너희 안

에 있어 너희 기쁨을 충만하게 하려 함이라." 이는 예수님이 친히
하신 말씀이다. 그분과 온전히 전심으로 연합하지 않고서는 그분의
기쁨을 얻는 것은 불가능하다. 그러므로 "주 안에서 항상 기뻐하라.
내가 다시 말하노니 기뻐하라"(빌 4:4).

P·A·R·T·5

약한 데서 온전해지는
축복을 누리라

우리는 사랑하라고
부르심을 받았다

내 계명은 곧 내가 너희를 사랑한 것같이 너희도 서로 사랑하라 하는 이것이니라. 요한복음 15:12. 아버지께서 나를 사랑하신 것같이 나도 너희를 사랑하였으니. 요한복음 15:9.

하나님이 인간이 되셨다. 하나님의 사랑이 인간의 마음이라는 통로로 흘러 들어오기 시작했다. 하늘나라와 영원을 채우는 사랑이 날마다 여기 이 땅과 시간의 삶 가운데 나타난다. "내 계명은." 주님이 말씀하셨다. "곧 내가 너희를 사랑한 것같이 너희도 서로 사랑하라." 주님은 때때로 계명에 대해 말씀하셨지만 율법을 완성시키는 사랑은 모든 것을 포함하는 것이므로, 곧 그 계명이 사랑이라고 일컬어진다. 이는 새 계명이었다. 이는 예수 그리스도 안에 나타난 새로운 생명의 능력이 새 언약 안에서 실제로 이루어진 위대한 증거였다.

"이로써 모든 사람이 너희가 내 제자인 줄 알리라"(요 13:35). "그들도 다 하나가 되어 우리 안에 있게 하사 세상으로 아버지께서 나를 보내신 것을 믿게 하옵소서"(요 17:21). "그들로 온전함을 이루어 하나가 되게 하려 함은 아버지께서⋯ 나를 사랑하심 같이 그들도 사랑하신 것을 세상으로 알게 하려 함이로소이다"(요 17:23). 그리스도와 온전한 연합을 이루기를 힘쓰는 성도가 이 계명을 지키는 것은 그가 그리스도 안에 거하고, 더 충만하여 완전한 연합으로 나아가고 있다는 증거이다.

여기서 우리는 위의 말씀들이 어떻게 사실이 되는지 살펴볼 필요가 있다. 하나님은 사랑이시며 예수님이 그것을 교리가 아닌 삶으로 나타내려고 찾아오셨음을 우리는 알고 있다. 놀라운 자기부인과 헌신의 삶을 사신 주님은 무엇보다 하나님의 사랑의 현현이었으며, 인간이 이해할 수 있는 모습으로 하나님이 인간을 얼마나 사랑하시는지를 증명하신 것이다. 무가치하고 감사하지 않는 사람들에 대한 주님의 사랑과 자기 자신을 낮추고 종으로서 인간 가운데 살아오신 모습은 하나님의 마음속에 있는 신령한 사랑의 삶을 살아내고 행하신 것이다.

예수님은 하나님의 사랑을 우리에게 보여주기 위해 살고 죽으셨다. 그리고 지금 예수님이 하나님의 사랑을 나타내신 것처럼 성도들은 이 세상에 예수님의 사랑을 나타내야 한다. 우리는 예수님이 사람을 사랑하시고 그 사랑으로 인해 우리를 이 땅에 속하지 않는 사랑으로 채우기 원하심을 증거해야 한다. 그러면 주님처럼 살고 사랑함으로써 자기를 죽음에까지 내준 사랑의 영원한 증인이 되는 것이다. 예수님의 사랑은 유대인들조차도 베다니에서처럼 이렇게 감탄하게 했다. "보라. 그를 얼마나 사랑하셨는가!"(요 11:36). 그리스도인은 다른 사람들이 "보라. 이 그리스도인이 얼마나 다른 사람을 사랑하였는가!"라고 외치지 않을 수 없는 삶을 살아야 한다.

그리스도인은 날마다 다른 사람들과 대화하는 가운데 하나님과 천사들과 사람들에게 어떤 광경을 제공한다. 예수님처럼 그리스도인은 서로 사랑함으로써 우리가 어떠한 마음을 가졌는가를 증명한다. 그리스도인이 어떤 성격이나 신조나 언어나 배경을 다양하게 가졌더라도 사랑으로 서로 한몸이 되었으며, 다른 사람을 위하여 자기를 버리고 희생하도록 가르침 받았음을 증명하는 것이다. 그리스도인의 사랑의 삶은 기독교의 주요한 증거로, 하나님이 세상에 그리스도를 보내심과 하나님이 그리스도를 사랑하신 그 사랑을 성도들 가운데 흘려보내셨음을 입증한다. 기독교의 모든 증거 가운데 이것은 가장 강력하고 설득력 있는 것이다.

예수님의 제자들이 서로 사랑하는 모습은 그들의 하나님에 대한 사랑과 모든 사람에 대한 사랑 가운데 놓여 있다. 이것은 그들이 보지 못하는 하나님을 진정으로 사랑하는지에 대한 시험이기도 하다. 보이지 않는 것을 사랑하는 것은 단지 감정에 지나지 않을 수 있다. 혹은 공상일 수 있다. 하지만 하나님의 자녀들은 대화 가운데 하나님에 대한 사랑이 실제로 나타나고 하나님은 그 사랑의 행위를 자신에게 행한 사랑으로 인정하신다. 이것만이 그 사랑이 진실임을 증명한다. 성도에 대한 사랑은 마음속에 보이지 않는 하나님에 대한 사랑의 뿌리로부터 나오는 꽃이자 열매이다. 이 열매가 다시 모든 사람에 대한 사랑의 씨앗이 된다. 서로의 대화는 성도들이 훈련받고 아직 그리스도 밖에 있는 이웃을 사랑하는 힘을 키우는 배움의 장이다. 단순히 좋아하는 것이 아니라 가장 무가치한 사람일지라도 용납하는 거룩한 사랑으로 예수님을 위해 가장 무례한 사람도 용납하는 것이다.

그리스도와 제자 간의 대화에서 이 형제 사랑의 모범을 찾아볼 수 있다. 예수님은 형제에 대한 용서와 관용을 말씀하시면서 일흔 번씩 일곱 번이라도 용서할 것을 유일한 척도로 삼으셨다. 예수님의 제한 없는 인내와 무한한 겸손을 생각할 때, 제자들을 섬기는 종의 자리에 서기를 구하신 온화함과 낮은 모습을 생각할 때 "내가 너희에게 행한 것같이 너희도 행하게 하려"(요 13:15) 본을 보이신 그 명령을 즐겁게 받아들이게 된다. 예수님처럼 우리도 다른 사람들을 위해 살아야 한다.

사랑은 결코 입술을 통해 무례한 말을 내보내지 않기 때문에 관용의 법칙은 혀에 있다. 사랑은 악한 것을 말하지 않을 뿐 아니라 듣거나 생각하지도 않는다. 사랑은 그리스도의 모든 이름과 성품 중에 자신을 가장 자랑스럽게 여긴다. 나의 명성은 아버지께 맡길 수 있지만 내 형제의 명성은 아버지께서 내게 위임하셨다. 사랑은 온화함과 사랑의 친절로써, 미덕과 관용으로써, 희생과 자비로써, 축복과 아름다운 생명으로써 성도의 마음 가운데 흩뿌려져 예수님의 삶 속에서 비추어졌던 것처럼 빛난다.

그리스도인이여, 예수님처럼 사랑하라는 당신의 이 영광스러운 소명에 대해 뭐라고 말하겠는가? 당신의 마음이 영원한 사랑이신 하나님의 형상을 나타내는 이루 말할 수 없는 특권을 생각할 때 두근거리지 않는가? 아니면 당신을 부르신 자리가 접근할 수 없는 완벽의 높이에 있다는 생각에 한숨이 나오는가? 형제여, 그리스도께서 하나님의 사랑 안에서 하나님과 같았던 것처럼 우리도 사랑 안에서 그리스도와 같도록 부름받은 것은 참으로 하나님 사랑의 가장 큰 증거이니 낙심하지 말라. 포도나무와 그리스도 안에 거하는 것에 관해 가르치고 명령하신 주님이 우리에게 그분과 같이 사랑할 수 있도록 그분 안에 거할 수밖에 없다는 확신도 함께 주셨음을 생각하라. 그 명령을 그리스도 안에 온전히 거할 수 있는 새로운 동기로 받아들이라. 그분 안에 거하는 것은 그분의 사랑 안에 거하는 것임을 알고, 날마다 지식을 넘어서는 그 사랑에 뿌리를 박으면 당신은 그 충만함을 받고 사랑하는 법을 배우게 된다.

당신 안에 예수님이 거할 때 성령님은 하나님의 사랑을 당신의 마음속에 뿌려주시고, 당신은 가장 사랑하기 어려운 형제라도 당신 안에 있는 사랑이 아니라 당신 안에 있는 예수님의 사랑으로 그를 사랑할 수 있다. 당신에 대한 예수님의 사랑의 명령을 지키면 형제를 사랑하라는 명령은 부담에서 기쁨으로 변한다. "나의 사랑 안에 거하라. 내가 너희를 사랑한 것같이 너희도 서로 사랑하라."

"내 계명은 곧 내가 너희를 사랑한 것같이 너희도 서로 사랑하라 하는 이것이니라." 이는 예수님이 약속하신 바 우리가 맺으리라는 풍성한 열매의 일부가 아닌가? 실로 약속의 땅은 좋은 땅이라는 사실을 증명할 수 있는 에스골 골짜기의 포도송이 같은 것이다. 모든 단순함과 정직함을 가지고 우리의 높은 믿음과 신령한 열정을 일상의 행동이라는 간결한 문체로 바꾸어 모든 사람이 그것을 이해할 수 있게 하라. 우리의 기질도 예수님의 사랑의 법칙 안에 굴복시키라. 그분만이 그것을 억제하실 수 있다. 그분이 우리를 온화하고 인내심 있게 만드실 것이다. 믿음으로써 그분의 발 앞에 우리의 입술을 내려놓아 사람들에 대한 어떤 부정적인 말도 우리의 입에서 흘러나오지 않게 해야 한다.

공격적인 말을 거부하는 온화함과 항상 사과할 줄 알고 최상의 것을 생각하고 기대하는 것이 우리의 대화여야 한다. 자기의 유익을 구하지 않고 언제나 타인의 발을 씻어주려 하고, 타인을 위해 죽을 수 있는 사랑이 우리가 예수님 안에 거하는 목적이다. 우리의 삶이 항상 타인의 행복을 구하고, 타인을 축복하는 것을 최고의 기쁨으로 여기는 희생의 삶이 되기를 바란다. 그리고 선을 행하는 신령한 기술을 공부하면서 자신을 성령의 인도하심에 내드리는 순종의 학생이 되기 바란다. 그러면 성령의 은혜로 우리의 평범하기 그지없는 일상이 하나님의 무한하신 사랑을 통해 천국의 아름다운 빛의 자리로 변화될 것이다.

그리스도인이여, 하나님을 찬양하라! 우리는 예수님의 사랑처럼, 하나님의 사랑처럼 사랑하라고 부름받았다. "나의 사랑 안에 거하라. 내가 너희를 사랑한 것같이 너희도 서로 사랑하라." 하나님께 감사하리로다. 이 말씀을 따를 수 있다. 우리는 거룩한 새 본성을 입고 있으며 포도나무이신 그리스도 안에 거함으로써 그 본성은 더욱 견고해져서 그리스도처럼 사랑할 수 있다. 옛 본성의 악한 모습이 나타날 때마다, 우리 주님의 명령을 따르고자 하는 갈망이 생길 때마다, 예수님의 사랑으로 사랑하고 축복하는 능력을 경험할 때마다 우리는 그 복된 명령을 새로운 믿음으로 받아들일 수 있다. "내 안에 거하라. 나도 너희 안에 거하리라"(요 15:4). "나의 사랑 안에 거하라"(요 15:9).

죄를 이길 수 있는
은혜를 베푸신다

그가 우리 죄를 없애려고 나타나신 것을 너희가 아나니 그에게는 죄가 없느니라. 그 안에 거하는 자마다 범죄하지 아니하나니. 요한일서 3:5-6.

사도 요한은 이 말씀을 하면서 하나님의 아들이 인간으로 오신 위대한 목적으로 죄에 대한 구원을 시사한다. 이는 죄를 없애려는 것이 속죄와 죄로부터의 자유를 뜻할 뿐 아니라 죄의 권세로부터의 구원에도 해당되고, 따라서 믿는 자는 더 이상 죄를 범하지 않는다는 뜻이다. 그리스도께서 자신의 능력으로 이 목적을 수행하실 수 있는 것은 거룩하시기 때문이다. 그런데 그리스도는 죄인들이 자신과 함께 연합함을 허용하셨다. 그 결과 죄인들의 삶이 그리스도의 삶과 닮아가게 되었다. "그에게는 죄가 없느니라." "그 안에 거하는 자마다 범죄하지 아니하나니." 그리스도 안에 거하는 한, 그리스도께서 우리 안에 거하는 한 성도는 죄를 범하지 않는다. 우리 삶의 거룩함은 예수님이 가지신 거룩함 속에 그 뿌리가 있다. "뿌리가 거룩한즉 가지도 그러하니라"(롬 11:16).

바로 이런 질문이 떠오른다. "이것이 어떻게 성경에서 가르치고 있는 인간 본성의 타락과 관련이 있을까?" 요한은 우리가 죄를 범하지 않았기 때문에 죄가 없다고 말하는 우리의 고백이 철저히 잘못되었음을 지적한 것인가? 위의 말씀을 주의 깊게 살펴보면 그것이 옳음을 이해할 수 있다.

요한일서 1장 8절의 "만일 우리가 죄가 없다고 말하면"과 10절의 "만일 우리가 범죄하지 아니하였다 하면" 이 두 구절의 차이를 보자. 이 두 가지 표현은 같은 뜻일 수 없다. 그렇다고 하면 두 번째 말씀은 먼저 한 말씀을 의미 없이 반복한 것에 지나지 않기 때문이다. 그렇기에 8절의 "죄가 없다고 하면"은 10절의 "범죄하지 아니하였다 하면"과 다르다. 죄가 없다는 것은 죄의 본성을 갖지 않았다는 뜻이다. 하지만 아무리 경건한 그리스도인이라도 자기 속, 곧 육체 안에 선한 것이 거하지 않고 늘 죄가 거한다고 고백할 수밖에 없다. 죄를 범하는 것은 이와 매우 다르다. 죄를 범하는 것은 죄의 본성에 자기를 내주고 실제로 죄에 빠지는 것이다.

그러므로 진정한 그리스도인은 두 가지 입장을 허락하고 있다. 그 한 가지는 우리에게 여전히 죄가 있다는 사실을 인정하는 것이다(8절). 두 번째는 그 죄가 실제적인 행동으로 발생되었다는 사실을 인정하는 것이다(10절). 어떤 그리스도인도 "제게는 죄가 없습니다"와 "저는 전에 죄를 지은 적이 없습니다"라고 말할 수 없다. 우리가 지금 죄가 없다고 말하거나 과거에 죄를 짓지 않았다고 말한다면 우리는 자신을 속이는 것이다.

그러나 우리에게 현재 죄가 있음에도 "우리는 현재 죄를 범하고 있다"라고 말할 필요는 없다. 실제로 죄를 범하였던 것은 과거이다. 요한일서 2장 2절에 나타나듯 현재 죄를 지을 수도 있지만 앞으로도 그러하다는 뜻이 아니다. 그러므로 자신을 한때 박해자였다고 고백한 사도 바울과 같이 과거에 저지른 죄의 깊은 고백과 여전히 악하고 부패한 본성을 가지고 있음에 대한 깊은 자각이, 우리를 비틀거림에서 지켜주시는 하나님께 겸손하게, 그러나 기쁘게 찬송할 수밖에 없게 만든다.

그러나 우리도 잘 알듯 활동력이 강하고 육체가 가진 모든 끔찍한 힘을 소유한 죄를 가진 성도가 어떻게 죄를 소유하고 있지만 죄를 범하지 않을 수 있는가? 그 이유는 그리스도에게는 죄가 없으므로 그 안에 거하는 자마다 죄를 범하지 않기 때문이라는 것이다. 그 영혼은 그리스도 안에 더 가까이, 더 견고히 거하게 되면서 순간순간마다 그 보호자이신 주님과 완전히 연합한 가운데 있다. 그리스도는 우리의 옛 본성의 힘을 약화시켜서 그것이 다시 우리를 지배하지 못하게 하신다.

우리는 앞서 그리스도 안에 거하는 방법이 있음을 살펴보았다. 그리스도인 대부분에게 그리스도와의 연합은 약하고 쉽게 끊어져서 죄가 지속적으로 올라오고 그 영혼을 죄에 종속시킨다. 그러나 하나님의 약속이 우리에게 주어졌다. "죄가 너희를 주장하지 못하리니"(롬 6:14). 그런데 그 약속 위에는 한 가지 명령이 선행한다. "너희는 죄가 너희 죽을 몸을 지배하지 못하게 하여 몸의 사욕에 순종하지 말고"(롬 6:12). 그 약속을 온전한 믿음으로 받는 성도에게는 이 명령에 순종할 능력이 있고 죄는 그 지배권을 주장하지 못한다. 그러나 그 약속을 모르거나 믿지 않거나 민감하지 않은 영혼은 죄에게 마음의 문을 열어주게 된다. 그러므로 많은 성도의 삶은 지속적인 넘어짐과 범죄의 연속이 되는 것이다.

성도가 그리스도 안에 완전히 거하고 영원히 거하기를 힘써 찾으면 죄 없으신 그리스도의 생명이 죄를 짓지 않도록 우리를 지켜주신다. "그에게는 죄가 없느니라. 그 안에 거하는 자마다 범죄하지 아니하나니." 예수님은 진실로 당신을 죄에서 건져주신다. 죄의 본성을 없애는 방법이 아니라 죄의 본성에 굴복하지 않게 하는 방법을 통해서다.

조련사의 눈 외에는 무엇도 두려워하게 하거나 억압할 수 없는 젊은 사자의 이야기를 들은 적이 있다. 당신도 조련사와 함께 있으면 그 사자 가까이에 갈 수 있다. 사자는 여전히 그 본능으로 피에 굶주린 듯 으르렁거릴 수 있지만 조련사의 발아래 얌전히 앉아 있다. 당신은 조련사가 옆에 있으면 사자의 목에 손을 올릴 수도 있다. 그러나 조련사 없이 사자에게 다가서면 즉사할 수도 있다. 마찬 가지로 그리스도인도 죄를 소유하고 있지만 죄를 범하지 않을 수 있다. 육체의 악한 본성은 변함없이 하나님을 향해 적대감을 갖기 쉽지만 그리스도 안에 거함으로써 그 본성이 누그러진다. 성도는 믿음으로 자신을 하나님의 아들에게 맡기어 그 안에 거한다. 그는 그리스도 안에 있으면서 예수님도 그의 안에 거함을 확신한다. 이 연합과 교제는 거룩한 삶의 비밀이다. "그에게는 죄가 없느니라. 그 안에 거하는 자마다 범죄하지 아니하나니."

이제 또 한 가지 질문이 떠오를 것이다. 죄가 없는 분 안에 완전히 거하면 죄를 범하지 않음을 인정한다 해도 그러한 상태가 가능한가? 우리가 그리스도 안에 거할 수 있기를 바라지만 하루라도 죄를 범하지 않을 수 있는가? 그 질문에는 아주 합당하고 심오한 한 가지 답이 있다. 그리스도께서 자신 안에 거하라고 우리에게 명하셨고, 하나님께 영광을 올릴 수 있는 풍성한 열매를 약속하셨으며, 우리의 수고에 그 크신 능력으로 함께하신다는 사실은 주님이 포도나무와 가지 사이의 건강하고 활력 있는 완전한 연합을 작정하신 것이 아닌가? 우리가 주님 안에 거할 때 주님도 우리 안에 거하실 것이라고 하신 말씀은 그분의 내주하심이 하나님의 능력과 사랑의 실제라는 뜻이 아닌가? 죄로부터의 구원이 하나님을 기쁘시게 하는 것이 아닌가?

우리가 자신의 본성이 악함을 늘 기억하고 죄의 본성이 갖는 끔찍한 힘을 기억하는 가운데 깨어서 날마다 겸손히 주님의 임재하심만이 그 사자를 잠잠하게 한다는 사실을 믿고 의지해야 한다. 오, 예수님이 "내 안에 거하라. 나도 너희 안에 거하리라"라고 말씀하셨을 때 우리가 비록 이 세상과 세상의 고난으로부터, 죄의 본성과 그 유혹으로부터 벗어나지는 못하지만 적어도 우리에게 완전하게 보장된 이 축복, 즉 온전히 유일하게 우리 주님 안에 거하는 은혜를 주셨음을 잊지 말라. 예수님 안에 거하는 것은 실제로 죄를 범함을 막을 수 있다. 예수님이 친히 그분 안에 거하는 것을 가능하게 하신다.

사랑하는 그리스도인들이여, 말씀의 약속이 성취되기에 너무 높지 않은가 의심하지 말라. 평생, 아니면 수년 동안 죄를 짓지 않는 것이 가능한지 의심하면서 당신의 관심이 흩뜨려지지 않기를 기도한다. 대신 이것을 질문하라. 내가 예수님 안에 거하는 지금, 예수님이 나의 일상 가운데 얼룩진 죄로부터 나를 지키실 수 있는가? 대답은 단 한 가지뿐이다. 물론 예수님이 지키실 수 있다. 그렇다면 지금 그분을 모시고 고백하라. "예수님이 저를 지키고 계십니다. 예수님이 저를 구하십니다." 그리스도께서 당신 안에 거하심으로 인해 당신도 지속적으로 그리스도 안에 있기를 믿음으로 열렬히 기도하는 가운데 자신을 그리스도께 드리고 다음 순간을 맞이하면 이 믿음은 계속 새로워지고, 그리스도 안에 지속적으로 거하게 된다.

당신이 하는 모든 일 가운데 자주 주께 헌신하고자 하는 당신의 믿음을 새롭게 하라. "예수님이 지금 나를 지키고 계신다. 예수님이 지금 나를 구원하신다." 죄나 실패로 낙담하는 대신 죄가 없는 분 안에 거하기 때문에 평안함을 늘 기억하라. 당신이 즉각적으로 온전히 순종하고 더 큰 기대를 가지고 인내한다면 그리스도 안에 거하는 것은 당신이 놀랍도록 성장할 수 있는 은혜이다. 당신을 그리스도 안에 거하게 하고 죄로부터 지키는 것은 그분의 일이다. 그리스도 안에 거하는 것은 당신의 일이다. 다시 말해 가지를 붙드는 것은 포도나무인 그리스도의 일이다. 당신을 그분의 모든 것에 참여하게 하신 그리스도의 거룩한 품성을 바라보면 죄로부터 보호받는 것보다 더 고상한 무엇이 있음을 알게 될 것이다. 그것은 죄악을 금하는 것이다. 우리라는 그릇은 깨끗이 씻긴 후에 더 긍정적이고 큰 축복이 있다. 그리스도의 충만함으로 채워지고 그분의 권능과 축복과 영광을 나타내는 통로가 되는 것이다.

약한 데서 온전해지는 능력을 주신다

하늘과 땅의 모든 권세를 내게 주셨으니. 마태복음 28:18. 주 안에서와 그 힘의 능력으로 강건하여지고. 에베소서 6:10. 내 능력이 약한 데서 온전하여짐이라. 고린도후서 12:9.

그리스도인이 철저히 약한 존재라는 사실은 경건한 성도들에게 일반적으로 인정되는 진리이다. 이는 또한 일반적으로 오해되고 남용되는 진리이다. 다른 곳에서와 마찬가지로 여기서도 하나님의 생각은 인간의 생각보다 깊고 높다. 그리스도인은 종종 자신의 약함을 잊으려고 한다. 하나님은 우리가 그것을 기억하고 실감하기를 원하신다.

그리스도인은 자신의 약함을 극복하고 그것에서 자유로워지기를 바란다. 그러나 하나님은 우리의 연약함을 그대로 두고 오히려 그것을 즐기기를 원하신다. 그리스도인은 자신의 약함을 슬퍼한다. 그러나 그리스도께서 그의 종에게 "도리어 크게 기뻐함으로 나의 여러 약한 것들에 대하여 자랑하리니"(고후 12:9)라고 가르치신다. 그리스도인은 자신의 약함이 하나님을 섬기는 데 있어서 가장 큰 장애물이라고 생각한다. 그러나 하나님은 그 약함이 힘과 성공의 비밀이라고 말씀하신다. 우리가 약함을 인정하고 지속적으로 깨닫는 것은 "내 능력이 약한 데서 온전하여짐이라"고 말씀하신 예수님의 능력을 바라고 얻을 수 있는 출발점이다.

예수님이 보좌에 오르시기 전에 마지막으로 남기신 말씀 가운데 하나는 "하늘과 땅의 모든 권세를 내게 주셨으니"(마 28:18)였다. 예수님이 하나님의 능력의 보좌 우편에 앉으신다는 것은 새롭고 참된, 하나님 역사의 실제적인 사실임과 마찬가지로 모든 능력으로 덧입는다는 것 역시 사실이다. 지금 전능함은 인자이신 예수 그리스도께 위임되어 인간의 본성에 그 강력한 능력이 흐르는 통로가 된 것이다. 예수님은 자신이 받을 능력을 계시하시고 제자들에게도 같은 능력을 나누어주실 것을 약속하셨다. "내가 올라가면 너희는 위로부터 능력을 받을 것이다"(눅 24:49, 행 1:8 참고). 성도가 자신의 일과 삶의 힘으로 삼아야 할 것은 전능하신 구세주의 능력이다.

제자들은 이를 따랐다. 그들은 열흘간 그리스도의 보좌 발등상에서 예배하며 기다렸다. 제자들은 그리스도를 구원자로 믿었고 하나님으로 경배했으며, 친구로 사랑했고 주님으로 따르고 헌신과 순종을 나타냈다. 예수 그리스도는 그들의 모든 생각과 사랑과 기쁨의 한 가지 목적이었다. 그러한 믿음과 헌신의 예배를 통해 제자들의 영혼은 보좌에서 주님과 함께 친밀한 교제를 나누기에 이르렀다. 제자들이 준비되었을 때 권능의 세례가 임했다. 그 능력은 그들 안에, 그리고 그들을 둘러싸고 있었다.

그 능력은 눈에 보이지 않는 주님을 말과 삶으로 나타내는 일에 헌신한 제자들을 위한 자격으로 주어졌다. 제자들 가운데 일부는 거룩한 삶으로써 천국과 그리스도를 증명했다. 그 능력은 그들 안에 하나님의 나라를 세우고, 죄와 자아에 대한 승리를 주며, 보좌에 계신 예수님의 능력을 입증하는 삶을 살기에 합당하게 하고, 세상에서 성도로 살아갈 수 있도록 주어졌다. 또 어떤 제자들에게는 예수 그리스도의 이름으로 말하는 일에 온전히 헌신할 수 있기 위해 능력이 주어졌다.

그러나 모든 필요한 능력이나 주어진 하나님의 능력은 지금 예수님이 아버지의 나라를 받으셨으며, 그분이 제자들에게 거룩한 삶이나 온전한 섬김을 위한 능력을 주시는 자임을 증명하기 위한 것이다. 제자들은 사모하여 바라보는 하나님의 나라가 말에 있는 게 아니라 오직 능력에 있음을 세상에 알리기 위해 권능의 선물을 받았다. 하나님의 권능은 자신을 온전히 내드리지 않은 자들도 느낄 수 있을 정도였다(행 2:43, 4:13, 5:13).

예수님은 처음 제자들에게 행하신 일을 지금 우리에게도 행하신다. 제자로서 우리의 삶 전체와 소명은 이 말씀에서 기원되고 보장된다. "하늘과 땅의 모든 권세를 내게 주셨으니." 예수님은 우리 안에서 우리를 통해 일하실 때 전능의 능력으로 행하신다. 예수님이 요구하시는 일이나 원하시는 일을 친히 그 크신 능력으로 행하신다. 예수님이 주시는 모든 복과 이루시는 모든 약속과 행하시는 모든 은혜는 전부 능력이 함께한다. 권능의 보좌에 계신 예수님으로부터 오는 모든 것은 능력으로 인쳐졌다. 가장 믿음이 약한 성도라 할지라도 죄로부터 지켜주시고, 거룩함이 자라게 하시며, 많은 열매를 맺게 해주시기를 간구하는 믿음을 가질 수 있고, 또한 자신의 간구가 신령한 능력으로 가득 차기를 기대할 수 있다. 그 능력은 예수님 안에 있다. 예수님은 그 모든 충만함으로 우리에게 오신다. 그리고 그분의 지체인 우리 안에서 그 능력이 역사하여 나타나게 하신다.

그 능력이 어떻게 주어지는지 알기 원하는가? 답은 간단하다. 그리스도는 우리에게 생명을 주심으로써 능력을 주신다. 많은 성도가 생각하듯 주님은 우리의 연약함을 발견하시고 그 연약한 능력으로 행하는 수고에 힘을 조금 보태주시는 것이 아니다. 주님은 자신의 전 생명과 함께 그분의 능력을 주신다. 성령은 승천하신 주님의 가슴으로부터 직접 내려와서 주님이 들어가신 천국의 영광스러운 생명으로 제자들에게 임했다. 그러므로 지금 우리도 주님과 주님의 능력의 힘 안에서 강해지라고 권면을 받는다.

제자들을 강하게 함은 그들의 약함을 제거하고 그 자리에 강하다는 느낌을 심어주는 것이 아니다. 오히려 우리가 철저히 무능하다는 생각을 더 굳게 하는 아주 놀라운 방법으로 주님 안에서 강하다는 의식을 심어주는 것이다. "우리가 이 보배를 질그릇에 가졌으니 이는 심히 큰 능력은 하나님께 있고 우리에게 있지 아니함을 알게 하려 함이라"(고후 4:7). 약함과 강함은 병행한다. 한 가지가 더해지면 다른 한 가지도 그렇게 된다. 그리하여 우리는 "내 능력이 약한 데서 온전하여짐이라 하신지라. 그러므로 도리어 크게 기뻐함으로 나의 여러 약한 것들에 대하여 자랑하리니 이는 그리스도의 능력이 내게 머물게 하려 함이라"(고후 12:9)는 말씀을 깨달을 수 있게 된다.

믿음의 제자는 보좌에 계신 그리스도를 바라보고 전능하신 그리스도를 자신의 생명으로 삼는다. 또한 완전함과 순결, 힘과 영광 가운데 있는 생명을 소망하는데 그 생명은 영광 받으신 주님 안에 있는 영원한 생명이다. 제자는 자기 안에 있는 생명을 생각하고 거룩함을 갈망하면서 하나님을 기쁘시게 하고 하나님의 일을 할 수 있는 능력을 구한다. 제자는 그리스도를 바라보고 그분이 자기의 생명임을 기뻐하며 그 생명이 자기 안에서 모든 필요에 강하게 역사할 것을 확신한다. 제자는 소소한 일이건 대단한 일이건, 순간순간마다 죄로부터 보호받는 일이나 어떤 어려움이나 시험을 당할 때 그리스도의 능력을 기대의 척도로 삼는다. 자신이 더 이상 나약하지 않아서가 아니라 철저히 무력하지만 전능하신 구세주가 내주하셔서 일하심을 알고 바람으로써 즐겁고 복되게 살아간다.

이 교훈이 우리에게 실제적인 삶의 모습에 대해 가르치는 것은 단순하지만 매우 중요하다. 먼저 우리의 모든 능력은 그리스도 안에 쌓여 있고 언제든지 사용될 준비가 되었다는 가르침이다. 그리스도 안에 모든 능력을 가진 생명이 있어서 우리의 마음이 그리스도를 향해 열려 있을 때 흘러나오게 된다. 그러나 그 생명의 흘러나옴이 많든 적든 우리가 어떻게 경험하든지 간에 오직 하늘과 땅의 모든 권세를 가진 그리스도 안에 그 능력이 있다. 우리는 이를 온전히 깨달아야 한다. 예수 그리스도께서 하나님으로부터 모든 능력을 받아 우리에게 완전한 구원자가 되심을 가슴 가득 받아들여야 한다. 하늘의 모든 권세와 땅의 모든 능력을 넘어서고, 우리의 마음과 삶 가운데 모든 힘을 넘어서는 그리스도의 권능이 우리의 필요를 위해 존재한다.

두 번째 가르침은 우리가 그리스도와 친밀히 연합할 때 이 능력이 우리에게 흘러들어온다는 것이다. 그 연합이 약해서 가치 있게 여겨지지 않거나 잘 구축되지 않았다면 그 능력은 미약할 것이다. 그리스도와의 연합을 최고로 여기고, 그 연합을 위해 다른 모든 것을 희생할 때 그 능력은 우리에게 오롯이 임하여 일할 것이다. "내 능력이 약한 데서 온전하여짐이라." 그러므로 우리가 신경 써야 할한 가지는 우리의 능력이신 그리스도 안에 거하는 것이다. 우리의유일한 의무는 주 안에서와 그 힘의 능력 안에서 강해지는 것이다.우리 안에 계신 하나님의 위대한 능력을 더 넓고 명확하게 깨닫는믿음을 갖자. 그 믿음은 모든 원수를 이기고 하늘에 오르시어 높임받으신 그리스도의 능력을 믿는 것이다(엡 1:19-21). 믿음으로 하나님의 놀랍고 가장 복된 섭리를 받아들이자.

우리 안에 있는 것은 연약함뿐이지만 그리스도 안에는 모든 능력이 있어 우리가 그리스도 안에 있으면 분명히 그 능력 가운데 거할 수 있다. 믿음으로 날마다 자아와 그 생명에서 벗어나 그리스도와 그 생명 안에 거하자. 그리스도께서 마음대로 역사하시도록 전존재를 드리자. 무엇보다도 그리스도께서 그의 전능의 능력으로 우리 안에서 그의 일을 완성하실 것을 확신하는 가운데 기뻐하자. 우리가 그리스도 안에 거하면 그분의 권능의 영이신 성령께서 우리안에서 강하게 역사하실 것이다. 그때 우리는 즐거이 노래할 것이다. "여호와는 나의 힘이요 노래시며 나의 구원이시로다. 그는 나의하나님이시니 내가 그를 찬송할 것이요 내 아버지의 하나님이시니내가 그를 높이리로다"(출 15:2). "내게 능력 주시는 자 안에서 내가모든 것을 할 수 있느니라"(빌 4:13).

04

And not in Self

-------------------------------- 자아를 포기하는
큰 믿음을 주신다

내 속 곧 내 육신에 선한 것이 거하지 아니하는 줄을 아노니. 로마서 7:18.

스스로 생명을 갖는 것은 하나님과 하나님이 생명을 부여하신 아들의 특권이다. 자기가 아닌 하나님 안에서 생명을 구하는 것은 피조물이 갖는 최고의 영광이다. 스스로 살아가려고 하는 것은 죄인인 인간의 어리석음이자 죄이다. 우리 주 예수 그리스도 안에서 하나님으로 인해 사는 것은 성도의 축복이다. 자기의 삶을 거부하고 미워하고 희생하고 버리는 것은 믿음으로 사는 삶의 비밀이다. "내가 사는 것이 아니요 오직 내 안에 그리스도께서 사시는 것이라"(갈

2:20). "내가 한 것이 아니요 오직 나와 함께 하신 하나님의 은혜로라"(고전 15:10). 이것은 자기의 삶을 버리고 내주하시는 그리스도의 복된 삶을 얻은 성도의 간증이다. 우리 주님이 죽음을 통해 놓아 주신 참된 생명의 길은 그리스도 안에 거하는 것이다.

이 생명은 그리스도인으로 살기 시작하면서부터 시작되지만 그것을 아는 사람은 거의 없다. 갓 회심한 사람들은 용서를 받았다는 기쁨 속에서 그리스도를 위해 살아야 한다 느끼고 하나님이 도우실 것이라는 믿음에 의지한다. 그러나 여전히 하나님을 대적하는 육체의 악함에 대해 무지하고 하나님의 법에 복종하지 않으려고 하는 육체의 완강함을 모른다. 그들은 하나님의 생명이 그들 가운데 능력으로 나타나려면 인간의 본성에 속한 모든 것이 완전히 죽음으로써 가능함을 알지 못한다. 그러므로 곧 쓰디쓴 실패를 경험하고, 아직 그리스도의 구원의 능력을 잘 알지 못함을 깨달음과 더불어 그분을 더 잘 알고자하는 깊은 갈망이 생긴다.

그리스도는 인자하게 그들을 십자가로 안내하신다. 그곳에서 자기를 대속한 그리스도의 죽음을 믿으면서 삶의 주인이 누구인지 깨닫고, 더 깊은 십자가의 경험으로 들어갈 것이다. 그리스도는 그들에게 자신이 마셨던 잔을 정말로 마실 수 있겠느냐고 물으신다. 그 잔은 그리스도와 함께 십자가에 못 박혀 죽는 것이다. 그리스도는 자신 안에 거하는 자가 이미 십자가에 못 박혀 죽은 것임을 가르치신다. 잘 알지 못해도 회심하였을 때 그리스도의 죽음에 함께한 것이다. 그러나 지금 그들은 그리스도와 함께 죽을 것이라는 선택의 행위로써 전에는 모르고 받았던 것에 완전하고 지식적으로 동의할 필요가 있다.

그리스도의 이 요구는 말로 표현할 수 없을 만큼 엄숙한 것이다. 그리스도인 대부분은 그 요구에 뒤로 움츠러들 것이다. 그들은 반복적으로 넘어지는 것에 너무나 익숙해져서 완전한 승리를 거의 기대하지 않는다. 거룩함, 예수님과의 온전한 연합, 주님의 사랑 안에서 중단 없는 교제를 신앙생활의 분명한 신조로 삼지도 않는다. 죄로부터 최대한 떨어지려 하고 주님과 최대한 가까이 연합하려 하는 강렬한 열망이 없으면 그리스도와 함께 십자가에 못 박히고자 하는 마음은 들어갈 곳이 없다.

십자가로부터 받는 인상은 고통과 수치뿐이다. 그렇게 생각하는 사람은 예수님이 지신 십자가를 통해 자기가 바라던 면류관을 얻는 데 만족한다. 이는 그리스도 안에 온전히 거하기를 구하는 성도가 바라보는 빛과 얼마나 많은 차이가 있는가? 그는 쓰디쓴 경험을 한 후에야 그리스도 안에 거하는 삶의 온전한 순종과 단순한 믿음을 갖는 데 있어서 가장 큰 적은 자신의 자아임을 깨닫는다.

지금 자아는 그 뜻을 포기하려고 하지 않는다. 그리고 자아는 하나님의 역사를 방해한다. 자아가 이끄는 삶과 그 의지와 행동이 그리스도의 생명의 자리를 대신한다. 자아의 뜻과 행동을 가지고 그리스도 안에 거하는 것은 불가능하다. 이제 십자가에서 돌아가신 그리스도께서 진지하게 물으신다. "자아를 죽음에 내놓을 수 있느냐?" 당신은 하나님으로부터 새롭게 태어났을 때 이미 죄에 대해 죽었고 하나님에 대하여 살았다.

그러나 지금 그리스도의 죽음의 능력으로 육신의 일을 멸하고 자아를 모두 십자가에 내놓아 그것이 완전히 제거되기까지 그곳에 매달려 있겠는가? 이 질문은 우리의 마음을 꿰뚫는다. 옛 자아에 속한 것이라면 더 이상 아무 말도 하지 않고, 아무리 자연스러운 생각이거나 아무리 좋은 기분일지라도 어떤 감정도, 아무리 옳다 해도 어떤 희망사항이나 일도 허락하지 않겠는가?

이런 의문이 생길지도 모르겠다. 이것이 진정 그리스도께서 요구하시는 것인가? 우리의 본성은 하나님이 친히 지으신 것이 아니던가? 우리가 가진 능력은 하나님을 섬기기 위해 성화될 수 있는 것이 아닌가? 실로 그러하다. 그러나 아마도 당신은 그 본성과 능력이 성화될 수 있는 유일한 방법은 그것이 자아의 힘에서 벗어나 그리스도의 능력 아래로 들어오는 것임을 간과했을 것이다. 그것은 간절히 원한다고 해서, 그리스도의 구속을 입은 자라고 해서 당신의 힘으로 할 수 있는 일이 아니다. 죽음만이 성화의 제단에 오를 수 있는 유일한 방법이다. 죽음에서 살아난 자로서 자신을 하나님께 제물로 드릴 때(롬 6:13, 12:1) 모든 재능과 은사와 소유 등 내가 가진 능력이 전부 주님 앞에 거룩하게 되는 것이다. 그 모든 것은 죄와 자아의 권세에서 분리되어 제단 위의 영원히 타오르는 불로써 태워져야 한다.

자아가 부서지고 죽어야 하나님이 그분을 섬기게 하기 위해 입혀주신 능력이 온전히 하나님을 순종할 수 있도록 당신에게서 자유로워진다. 또한 당신이 육체 가운데 있는 한 자아가 죽었다고 말할 수 없다. 그리스도의 생명이 당신을 온전히 소유할 때 자아는 십자가의 자리에 놓이고 죽음의 선고를 받아 당신을 한순간도 지배할 수 없게 된다. 또한 예수 그리스도께서는 제2의 자아가 되신다.

성도여, 진정으로 그리스도 안에 온전히 거하고 싶거든 자아와 영원히 이별하고, 잠시라도 더 이상 자아가 당신의 내면에서 역사하지 않게 하라. 당신이 자아를 완전히 벗어나서 세속적인 일이건 영적인 일이건 간에 모든 생각과 감정, 그리고 행동을 그리스도께서 당신의 내면에서 일으키시도록 하기 원한다면 예수님은 즉시 그 일들을 맡으실 것이다. 생명이라는 말이 가질 수 있는 가장 온전하고 광범위한 의미에서 그리스도는 당신의 생명이 되셔서 당신의 일상을 이루는 수천 가지 일들 중 아무리 사소한 일일지라도 모든 것에 그 뜻과 영향력을 나타내신다. 이를 위해 그리스도께서 구하시는 것은 오직 한 가지, 당신이 자아와 그 생명에서 나와 그리스도와 그리스도의 생명 안에 거하는 것이다. 그러면 그리스도께서 당신의 생명이 되실 것이다. 그분의 거룩한 임재하심의 능력이 옛 생명을 몰아낼 것이다.

이를 위해 지금, 그리고 영원히 자아를 버리라. 당신이 자신의 일을 잃어버릴까봐 두려워서 이제껏 한번도 그러지 못했더라도 그리스도께서 당신의 옛 생명의 자리를 취하시어 그분의 생명을 당신에게 주신다는 약속을 바라보고 지금 행하라. 진정으로 자아가 죽게 하고 그것을 실감하라. 자아는 여전히 강하고 살아 있지만 더 이상 당신에게 힘을 행사할 수 없다. 죽음에서 다시 살아난 예수 그리스도 안에서 당신과 당신의 새로운 본성, 즉 당신과 당신의 새로운 자아는 실로 죄에 대해 죽었으며 하나님에 대해 살아났다. 그리스도 안에서 죽음으로써 당신은 온전히 자아의 통제에서 벗어났다.

자아는 당신이 무지하거나 부주의해서, 혹은 불신앙으로 다시 그 권위에 복종하기로 하지 않는 한 힘을 행사할 수 없다. 당신이 그리스도 안에서 얻은 영광스러운 자리를 마음을 다해 믿음으로 받아들이라. 그리스도 안에서 자아에 대해 죽은 자로서, 자아의 지배로부터 벗어난 자로서, 그리고 자아의 자리에 그리스도의 신령한 생명을 받아 삶을 움직이게 하는 원동력으로 삼은 자로서 담대하게 당신과 주님의 원수인 자아를 완전히 복종시키라. 용기를 가지고 믿기만 하라. 두려워 말고 번복할 수 없는 발걸음을 내디뎌서 자아는 한 번에 완전히 그리스도의 십자가에 못 박혀 죽었음을 선포하라. "우리가 알거니와 우리의 옛 사람이 예수와 함께 십자가에 못 박힌 것은 죄의 몸이 죽어 다시는 우리가 죄에게 종 노릇 하지 아니하려 함이니"(롬 6:6). 그리고 십자가에 못 박히신 예수 그리스도께서 당신의 자아를 십자가에서 붙드시고, 당신 안에서 그 빈자리를 그리스도의 부활의 복된 생명으로 채우셨음을 믿으라.

그 믿음으로 그리스도 안에 거하라! 그리스도를 꼭 붙들라. 그분 안에 안식하라. 그분 안에 소망을 두라. 날마다 새로이 성화하라. 당신은 자아라는 폭군에게서 값을 주고 산 몸이며, 이제는 승리자임을 다시 되새기라. 매일 거룩한 두려움을 가지고 원수인 자아가 십자가에서 내려오려고 애쓰며 잠시 풀어주라고 당신을 유혹하는 모습을 보라. 그는 이제 그리스도를 섬기겠다고 속이며 당신을 유혹하고 있다. 기억하라. 하나님을 섬기기를 꾀하는 자아는 순종하기를 거부하는 자아보다 더욱 위험하다. 거룩한 두려움을 가지고 자아를 대하고 그리스도 안에 숨으라. 당신은 그분 안에서만 안전하다. 그렇게 그리스도 안에 거하라. 그분도 당신 안에 거하겠다고 약속하셨다. 그분이 자기를 낮추어 깨어 있도록 가르치실 것이다. 당신이 행복한 마음으로 신뢰하도록 가르치실 것이다.

삶의 모든 관심, 본성이 가진 모든 힘, 끊임없이 흐르는 생각, 의지, 감정 등 모든 것을 그리스도께 가지고 와서 한때 자아가 너무도 쉽고 자연스럽게 자리 잡고 있던 곳을 그리스도께서 채우시게 하라. 예수 그리스도는 진실로 당신을 소유하시고 당신 안에 거하실 것이다. 당신은 새로운 생명의 안식과 평안함과 은혜 가운데 자아로부터 벗어나서 그리스도 안에만 거하는 놀라운 변화로 말미암아 영원히 즐거워하게 될 것이다.

더 좋은 새로운 언약의
보증을 주신다

이에 더 좋은 소망이 생기니 이것으로 우리가 하나님께 가까이 가느니라. …이와 같이 예수는 더 좋은 언약의 보증이 되셨느니라. 히브리서 7:19,22.

성경은 구약의 언약이 가장 좋은 것이라고 말씀하지 않는다. 또한 하나님은 이스라엘 백성들이 그 언약 안에 머물지 않은 것을 책망하시고 그들을 돌보지 않으셨다고 말한다(히 8:7-9). 그 언약은 이스라엘 백성이 하나님과 연합하게 하는 분명한 목적을 이루지 못했다. 이스라엘은 하나님을 저버리고 하나님은 이스라엘을 돌보지 않으셨던 것이다. 그리하여 하나님은 처음 언약과는 달리 그 목적을 성취하기에 효과적인 새로운 언약을 세우겠다고 약속하셨다. 그 언약의 목적을 이루기 위해서는 백성들에 대한 하나님의 신실하심과 하나님에 대한 이스라엘의 신실하심이 보장되어야 했다. 또한 새 언약의 말씀이 그 두 가지 목적을 성취할 수 있도록 분명하게 선포되어야 한다.

하나님은 이스라엘 백성들에게 그분의 변함없는 신실하심을 확실하게 약속하셨다. "내가 내 법을 그들의 생각에 두고 그들의 죄를 다시 기억하지 아니하리라"(히 8:10-12 참고). 용서하시는 하나님과 순종하는 백성, 이는 신약에서 만나 영원히 연합하게 되었다. 신약에서 가장 아름다운 은혜 가운데 하나는 언약의 성취가 확실히 이루어지리라는 보증이 하나님과 인간 모두에게 주어진 것이다. 예수님은 더 좋은 언약의 보증이 되셨다. 사람에게 예수님은 하나님의 역할을 맡아 이루는 보증이 되시기에 용서하고 용납하시며 다시는 버리지 않으시는 하나님을 우리는 믿고 의지할 수 있다. 하나님께 예수님은 사람이 신실하게 자기의 부분을 성취할 수 있는 보증이 되셔서 하나님이 영원한 언약의 모든 축복을 우리에게 다 주실 수 있다.

그리스도께서 보증을 이루시는 방법은 이러하다. 그리스도는 하나님과 하나가 되어 인간으로서의 본성 안에 하나님이 충만히 거하시게 하고 하나님이 약속하신 것을 꼭 이루실 것을 보증하신다. 하나님의 모든 것은 사람이신 그리스도 안에서 우리에게 보장되었다.

그리고 그리스도는 우리와 하나이며 우리를 지체로 삼으시면서 그의 모든 관심을 돌보시는 하나님께 보증이 되셨다. 인간이 행해야 하는 모든 것은 그리스도 안에 보증되었다. 인자이신 하나님의 아들이 살아계시고 영원하시다는 보증은 새로운 언약의 영광이다.

새로운 언약에 관한 말씀 가운데 하나를 비추어보면 더욱 잘 이해할 수 있다. 예레미야 32장 40절을 보라. "내가 그들에게 복을 주기 위하여 그들을 떠나지 아니하리라 하는 영원한 언약을 그들에게 세우고 나를 경외함을 그들의 마음에 두어 나를 떠나지 않게 하고." 전능하신 하나님이 연약한 우리를 어디까지 굽어 살피시는지 그 겸손을 생각할 때 얼마나 놀라운가! 하나님은 신실하시고 변함없는 분이시며 그분의 말씀은 참되다. 하나님은 약속의 상속자들에게 그분의 약속이 불변함을 더 분명하게 보여주시기 위해 자신이 절대 변하지 않으리라는 약속을 더하신다. "내가 영원한 언약을 그들에게 세우고 나를 떠나지 않게 하리라." 신실하신 하나님의 이 말씀을 철저히 받아들이고 그 영원한 언약 안에 안식하는 사람은 복이 있다!

그런데 언약에는 두 당사자가 있다. 하나님은 신실하시지만 만약 인간이 신실하지 못하여 그 언약을 파기하면 어떨까? 언약을 확실하게 준수하기 위해서는 그것을 절대 깨뜨릴 수 없다는 규정이 있어야 하고 이를 충실하게 지켜야 한다. 그러나 인간은 결코 언약을 확실히 준수할 수 없다. 그래서 여기서도 하나님이 우리가 언약을 감당할 수 있게 도우신다. 하나님은 자기의 백성들을 떠나시지 않으리라는 약속을 주실 뿐 아니라 그분을 경외하는 마음을 주셔서 인간이 하나님으로부터 떨어지지 않게 하셨다. 언약의 한 당사자로서의 의무에 더하여 다른 당사자의 역할도 담당하신 것이다.

"또 내 영을 너희 속에 두어 너희로 내 율례를 행하게 하리니 너희가 내 규례를 지켜 행할지라"(겔 36:27). 이 말씀을 깨닫는 사람은 복이 있다! 그는 하나님과의 사이에 만든 언약을 지키고 싶어도 계속해서 깨뜨릴 수밖에 없다고 생각하지 않는다. 그는 하나님이 그분뿐만 아니라 인간을 위해서 유효하다고 말씀하시는 언약을 붙잡는다. 언약을 지키기 위해서 인간이 할 일은 신실하신 하나님이 행하겠다고 약속하신 말씀을 믿고 자신의 백성들에게 반드시 이루신다는 복된 진리를 받아들이는 것이다. "내가 영원한 언약을 그들에게 세우고 나를 떠나지 않게 하리라."

바로 여기에서 하나님으로부터 언약의 유지와 완전한 성취를 위해 택함을 받으신 그리스도께서 언약을 확실히 이루는 복된 사역이 시작된다. 하나님은 아들에게 말씀하셨다. "너를 세워 백성의 언약과 이방의 빛이 되게 하리니"(사 42:6). 또한 성령이 증언하셨다. "하나님의 약속은 얼마든지 그리스도 안에서 예가 되니 그런즉 그로 말미암아 우리가 아멘 하여 하나님께 영광을 돌리게 되느니라"(고후 1:20). 그리스도 안에 거하는 성도는 언약이 가져오는 모든 약속이 성취되리라는 거룩한 확신이 있다.

그리스도는 더 좋은 언약의 보증이 되셨다. 우리의 멜기세덱과 같이 예수님은 더 좋은 언약의 보증이 되셨다(히 7장 참고). 아론과 그의 아들들은 죽었지만 그리스도는 우리에게 하나님이 살아계심을 증언하신다. 예수님은 영원한 생명의 능력을 가진 대제사장이시다. 그리스도는 영원한 분이시므로 변하지 않는 대제사장이 되신다. 그가 영원히 살아계셔서 중보하심으로 마지막까지 완전히 구원하실 수 있다. 그리스도는 영존하시는 분이시므로 언약의 보증이 효력을 발휘한다. 그는 영원히 중재하시므로 완전히 구원하실 수 있다.

모든 순간에 그리스도는 아버지 앞에 거룩하게 서시고 끊임없는 탄원으로 그의 백성들에게 거룩한 생명의 능력과 축복을 보장하신다. 매 순간 그리스도의 쉼 없는 중재하심으로 거룩한 생명의 능력이 중단 없이 흘러나와 그의 백성들에게 공급된다. 그리스도는 아버지의 은혜를 우리에게 보장해주시기 위해 기도하고 우리를 그분 앞에 드리기를 쉬지 않으신다. 아버지께서 우리를 늘 돌보시게 하기 위해 그리스도는 쉬지 않고 일하시고 우리 가운데 아버지를 나타내신다.

히브리인들이 듣는 게 둔하여 설명을 듣지 못했던 대제사장 멜기세덱의 신비는 부활한 생명의 신비이다(히 5:10-14). 언약의 확실함을 보증하는 그리스도의 영광은 그분의 영원한 생명에 존재한다. 그리스도는 하늘에서 전능한 생명의 신령한 능력으로 일하신다. 그리스도는 영원토록 살아서 기도하신다. 한순간도 그분의 기도가 하늘로 오르지 않는 때가 없이 우리에게 언약의 성취를 보증하신다. 그리스도는 이 땅에서 같은 생명의 능력으로 일하신다. 그분의 기도의 응답으로 우리가 언약을 이룰 수 있음을 아버지께 확증하기 위해 천국의 능력이 언제나 흘러내려 온다. 언약의 성취에 어떤 중단도, 한순간의 방해도 없다. 모든 순간에 영생의 능력이 그 속에 있기 때문이다. 그리스도는 영원히, 언제나 살아계셔서 기도하신다. 그분은 모든 시간, 모든 순간에 살아서 축복하신다. 그리스도께서 영원히 살아서 기도하시기에 최대한 온전히, 그리고 완벽히 구원하실 수 있다.

성도여, 와서 어떻게 모든 순간에 예수님 안에 거할 수 있는지 깨달으라. 그분은 영원히 살아계신 대제사장이시므로 당신의 보증이 되시기에 그리스도 안에 지속적으로 거할 수 있다. 그리스도의 중보로 인해 그 가능성이 차츰 더해진다. "나를 경외함을 그들의 마음에 두어 나를 떠나지 않게 하고"(렘 32:40). 예수님이 언약의 성취를 위해 유효한 보증이 되심으로 단 한순간도 당신에게서 떠나계실 수 없다. 그리스도께서 당신을 떠나신다면 그분의 책임을 완수하지 못하시는 것이다. 당신의 불신앙으로 그 축복을 깨닫지 못할 수는 있다. 그러나 그리스도는 신실하지 않을 수 없으시다. 그리스도를 생각하고, 그분이 대제사장 되심을 생각하면 그리스도 안에 변함없이 영원히 거하는 삶이 바로 당신 앞에 있음을 믿지 않을 수 없다.

그리스도께서 어떤 분이시며 우리에게 어떤 의미가 되는지 알 때 그분 안에 거하는 것은 그분을 아는 지식이 낳은 자연스럽고 자발적인 일이 될 것이다. 그분의 생명이 우리를 위해 순간순간 끊임없이 아버지로부터 나타나므로 매 순간 그분 안에 거하는 일은 쉽고 간단하다. 우리는 그분과 의식적으로 교제하는 모든 순간에 단지 이렇게 말하면 된다. "예수님, 언약의 보증이요, 우리를 지키시는 영원히 살아계신 구세주여! 주님의 생명 안에 제가 거합니다. 제가 주님 안에 있습니다." 도움이 필요한 모든 순간과 어려움이나 두려움 가운데서도 우리는 여전히 말할 수 있다. "오, 위대하신 대제사장이여! 영원하고 변함없는 능력 안에서 제가 주님 안에 머물러 있습니다." 그분과의 친밀하고 분명한 교제의 시간에 우리가 의무로 주어진 다른 일을 할지라도 그리스도는 여전히 우리의 보증이 되시고, 신령한 능력을 가진 영원한 대제사장이시므로 그분이 마지막까지 우리를 구원하시며, 그분 안에 영원히 거하게 하실 것을 신뢰할 수 있다.

주님과 더불어
영광을 받게 하신다

너희 생명이 그리스도와 함께 하나님 안에 감추어졌음이라. 우리 생명이신 그리스도께서 나타나실 그때에 너희도 그와 함께 영광 중에 나타나리라. 골로새서 3:3-4.

십자가에 못 박히신 그리스도 안에 거하는 자는 그분과 함께 십자가에 못 박히는 것이 무엇인지 깨닫고 그분 안에서 진실로 죄에 대해 죽고자 한다. 승천하시고 영광을 받으신 그리스도 안에 거하는 자도 마찬가지로 그분의 부활한 생명과 하늘에서 덧입히신 영광의 참여자가 된다. 예수님의 영광스러운 생명 안에서 그분과 연합함으로 말미암아 우리의 영혼에 흐르는 축복은 형용할 수 없다.

그것은 완전한 승리와 안식이 있는 생명의 삶이다. 하나님의 아들은 죽기 전에 괴로워하시고 고통스러운 몸부림을 치셔야 했다. 죄와 죄의 고발로 인해 시험당하시고 괴롭힘을 받으셨다. 그러나 그분의 부활은 죄에 대한 승리였고 영광 받으심으로 그의 인성은 신성의 영광 가운데로 들어가셨다. 그리스도 안에 거하는 성도는 죄와 육체의 권세가 어떻게 실제로 파괴되었는지를 깨닫게 될 것이다. 완전하고 영원한 구원의 확신은 점점 더 분명해지고 승리와 구원의 실제적인 성취를 확신함에서 오는 복된 안식과 평안이 삶을 지배할 것이다. 승천하시어 하늘 보좌에 앉으신 예수님 안에 거하는 자는 머리이신 그리스도로부터 몸의 모든 지체에 흐르는 영광스러운 생명을 받게 된다.

이 영광스러운 생명은 하나님의 사랑과 거룩함에 온전히 참여한 삶 가운데 있는 생명이다. 예수님은 제자들에게 그 중요성을 자주 가르치셨다. "아버지여 창세 전에 내가 아버지와 함께 가졌던 영화로써 지금도 아버지와 함께 나를 영화롭게 하옵소서"(요 17:5). 영광을 받으신 그리스도 안에 거하는 성도는 보좌에 계신 예수님과의 연합을 깨닫고 경험하고자 한다. 그는 하나님의 임재의 뚜렷한 빛이 어떻게 그에게 가장 큰 영광과 축복이 되며 어떻게 그 안에 성도의 기업이 있는지 알고 있다. 또한 머리이신 그리스도와 교제하는 가운데 하나님의 임재 안에 들어가는 거룩한 비밀의 길을 알고 있다. 그 안에 성도의 기업이 있다.

예수님이 이 세상에 계실 때도 시험은 그분에게 근접할 수 있었다. 그러나 영광 가운데 있는 모든 것은 거룩하고 하나님의 뜻과 완벽한 조화를 이룬다. 그러므로 예수님 안에 거하는 성도는 이 고상한 연합 가운데 그의 영혼이 하나님의 뜻과 조화되기에 이르도록 성화된다. 예수님의 거룩한 생명은 모든 죄를 추방하는 능력이 있다. 이 삶은 사랑의 자선과 행위의 삶이다. 보좌에 앉으신 그리스도는 은사를 나눠주시고 성령을 부어주셨다. 그리고 사랑 안에서 우리를 끊임없이 돌보시고 우리를 위해 일하신다.

성도가 그리스도 안에 거하면 다른 사람들을 축복하고자 하는 마음이 일어나고 그 일을 위해 힘쓰고자 할 수밖에 없다. 성령과 예수님의 사랑이 그렇게 행할 뜻과 힘을 불어넣으시기 때문이다. 예수님은 풍성한 복을 주실 수 있는 능력을 위해 하늘로 오르셨다. 하늘의 포도나무이신 예수님은 자신의 가지가 되는 사람들을 통해서만 행하신다. 그러므로 영광을 받으신 그리스도 안에 거하는 사람은 누구든지 열매를 많이 맺는다. 성령을 받고 승천하신 예수님의 능력을 받은 사람은 왕이시며 구원자가 되신 예수님의 충만함을 주변에 전하는 축복의 통로가 된다.

영광을 받으신 주님의 생명과 그분 안에 있는 우리의 생명에 관해 한 가지 더 생각해봐야 할 것은 그 생명의 삶은 놀라운 기대와 소망의 삶이라는 것이다. 그것은 그리스도와 함께하는 삶이다. 그리스도는 하나님의 우편에 앉으셔서 모든 원수가 그의 발등상이 되기를 기다리시고, 그의 온전한 상급을 받을 날, 곧 그분의 영광이 나타나고 사랑하는 백성들이 영원히 그 영광 가운데 함께하는 때를 바라고 계신다. 그리스도의 소망은 그분으로 말미암아 구속함을 받은 이들의 소망이다. "내가 다시 와서 너희를 내게로 영접하여 나 있는 곳에 너희도 있게 하리라"(요 14:3). 이 약속은 우리에게 매우 소중한 만큼 그리스도께도 역시 소중하다.

기다리던 신랑을 만난 신부의 기쁨만큼이나 신랑도 기쁘다. 영광 가운데 계신 그리스도의 생명은 우리의 간절한 기대 가운데 한 가지다. 영광의 충만함은 그리스도께서 자신의 사랑을 입은 자와 함께 있을 때만 찾아온다. 그리스도 안에 거하는 성도는 그분과 함께 이 기대의 마음을 갖게 된다. 성도는 자신의 행복이 더해지기 위해서가 아니라 왕에 대한 열정적인 충성심 때문에 주님이 그분의 영광 가운데 와서 모든 원수를 지배하시고 하나님의 영원한 사랑을 완전히 나타내시는 모습을 바라게 된다. 모든 참된 성도의 표어는 이것이다. "그리스도께서 나타나실 그때에 너희도 그와 함께 영광 중에 나타나리라."

그리스도의 재림의 약속을 설명하는 데 있어서 매우 중대한 차이가 있을 수 있다. 어떤 이에게 그날은 그리스도께서 이 땅 위에 매우 생생하게 급히 임하시는 소망의 날이다. 어떤 사람은 성경을 사랑하고 이에 못지않게 그리스도를 사랑한다고 하지만 그에게 그날은 심판의 날에 지나지 않는다. 그에게 그리스도의 재림은 시간적인 역사에서 영원으로 장엄하게 이동하는 것이며, 땅 위 역사의 종지부이자 천국의 시작이 된다. 그럼에도 예수님이 영광 가운데 나타나시는 것은 우리의 기쁨이자 힘이다. 예수님은 다시 오신다. 오셔서 우리를 자기에게로 인도하신다. 만물의 주이신 예수님은 전 교회의 소망의 총체이자 중심이시다.

성도는 영광을 받으신 그리스도 안에 거함으로써 영혼에 참된 복을 가져올 수 있는 주님의 강림을 영적으로 고대할 수 있다. 앞으로 다가올 일에 대한 연구에 관심을 갖는 이 세상 학문의 제자가 종종 온유하신 그리스도의 제자보다 더 두드러질 때가 있다. 뚜렷한 견해를 가지고 논쟁하거나 형제를 비난하는 것이 때로는 다가올 영광의 징후보다 더 명확해보인다. 우리와 다른 재능을 가졌거나 더 심오한 진리의 계시를 가진 사람들로부터 배우려고 하는 겸손함과 우리와 다르게 생각하는 사람들에게도 온유하고 부드럽게 말하는 사랑으로, 장차 오실 이가 이미 우리의 생명이심을 보여주는 거룩한 모습은 인간에게서 말미암은 것이 아니라 하나님의 능력임을 교회뿐 아니라 세상에 분명히 인식시켜야 한다. 장차 오실 주님을 알아보기 위해 우리는 그리스도 안에 거하여 영광을 받으신 그분의 형상을 나타내야 한다.

우리가 가진 견해가 옳다거나 우리의 생각을 열심히 옹호하는 것이 아니라 그리스도 안에 거하는 것만이 그분의 강림을 준비하는 자세이다. 그럴 때만이 우리가 그분과 함께 영광 가운데 나타나 진정한 의미의 변화가 가능해진다. 그날에 기다려왔던 주님의 내주하심의 영광이 나타나 빛을 발하는 것이다.

복된 생명이여, 그리스도와 함께 하나님 안에 감추어졌던 생명, 그리스도의 신성 안에 머무르는 것, 영광을 받으신 그리스도 안에 거하는 것은 얼마나 큰 축복인가! 우리의 질문을 상기해보자. 미약한 흙에서 나온 우리가 정말로 영광의 왕과 연합할 수 있는가? 그러면 다시 복된 응답이 주어진다. 그리스도께서 하늘과 땅의 모든 권세를 그의 뜻대로 사용하시는 목적은 우리와 연합하는 것이다.

주께서 일하심을 믿는 사람은 복이 있다. 그는 그리스도와 완전히 연합하기 위해서 믿음과 확신 가운데 끊임없이 자기를 주께 드린다. 가장 먼저 자기를 주께 드리는 것은 놀라우면서도 단순한 믿음의 행위이다. 그 믿음이 자라서 우리가 그분의 영광 가운데 그분과 하나라는 하나님의 진리를 분명한 통찰로써 더 굳건하게 잡는다. 놀랍도록 단순하면서도 강력한 그 믿음 안에서 그 영혼은 그리스도의 전능하심과 영원한 생명이 자기를 지키실 것을 믿고 맡기게 된다.

그는 그리스도의 모든 것을 공급받을 수 있는 하나님의 성령이 내주하심을 알기 때문에 더 이상 그리스도 안에 거하는 것이 그에게 부담이나 짐이 아니라 영적인 생명의 자연스러운 일이 된다. 그 믿음은 자아를 포기함과 영광을 받으신 분이 행하실 수 있는 모든 사랑과 능력을 기대하고 받아들이는 것이다. 그 믿음을 가지고 있을 때 그리스도와 중단 없이 교제할 수 있고 그 연합이 점차 공고해진다. 그리스도 안에 거함으로써 우리는 모세처럼 영광의 참여자가 되고 이 세상에 속하지 않는 빛으로 빛나게 된다.

복된 생명이여, 그것은 우리의 소유이다. 예수님이 우리의 소유이기 때문이다. 복된 생명이여, 우리는 그 생명과 생명 속에 감추어진 능력을 갖고 있고 앞에는 완전한 영광의 여명이 있다. 우리의 일상이 장차 그 감추어진 능력으로 나타날 영광을 준비하는 밝고 복된 증거가 되기를. 영광을 받으신 예수님 안에 거하는 것이 하나님의 영광에 따라 살 수 있는 능력이 되어 그리스도의 영광을 나누기에 합당하기를.

자녀들아, 이제 주님 안에 거하라.
이는 주께서 나타내신 바 되면
강림하실 그때에 우리로 바로 그 앞에서
부끄럽지 않게 하려 함이라.